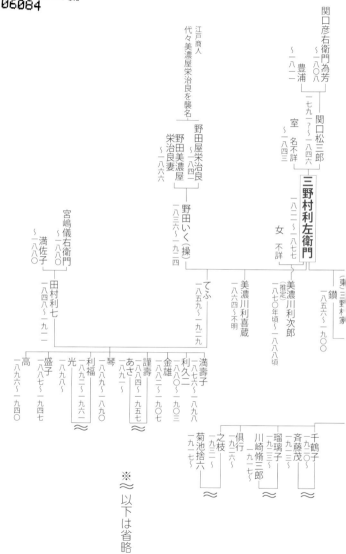

関口彦右衛門為芳 ～一八〇八
豊浦 ～一八一一

関口松三郎 一七九一?～一八四六
室 名不詳 ～一八四三

三野村利左衛門 一八二一～一八七七
女 不詳

江戸商人 代々美濃屋栄治良を襲名
野田屋栄治良 ～一八四一
野田美濃屋栄治良妻 ～一八六六

野田いく(操) 一八三六～一九二四

宮嶋儀右衛門 ～一八八〇
満佐子 ～一八八〇

田村利七 一八四八～一九一一

(東)三野村家
鑽 一八五六～一九〇〇
美濃川利次郎(推定) 一八七〇年頃～一八八八頃
美濃川利喜蔵 一八六四～不明
てふ 一八五九～一九二九

満壽子 一八七六～一八九八
利久二 一八八〇～一九〇三
金雄 一八八二～一九〇七
謹壽 一八八四～一九五七
あさ 一八九一～
琴 一八八九～一八九〇
利福 一八九二～一九六二
光 一八九八～
盛子 一八八七～一九四七
高 一八九六～一九四〇

千鶴子 一九二〇～
斉藤茂 一九一三～
瑠璃子 一九一三～
川崎脩三郎 一九一七～
倶行 一九一六～
之枝 一九二一～
菊池捨六 一九一七～

※≈ 以下は省略

幕末から明治期

「三井」の基礎を築いた

三野村利左衛門の生涯

永峯光寿 著

三野村暢禧 編

三野村利左衛門（左）と三井家13代目八郎右衛門高福（右）
［三井文庫所蔵］

高文研

三野村利左衛門

三野村利左衛門妻・な加

三野村利左衛門娘婿・利助

三野村利左衛門娘・鑽

三井組首脳と渋沢栄一

前列左より永田甚七、齋藤純造、三井高福、渋沢栄一、
三野村利左衛門。後列左より三井高朗、三井高喜

三井組首脳部

前列左より三井高喜、三井高福、三野村利左衛門、
後列左より齋藤純造、三井高朗

［写真は共に三井文庫所蔵］

◇三野村利左衛門の生涯［もくじ］

第一章　両替屋・紀伊國屋利八の誕生

第二章　幕府御用金一件

第三章　銀札及び御勘定所銀札等の紙幣発行の経緯

第四章　江戸三井御用所の危機と利左衛門

幕府倒壊—新政府始動期

第五章　太政官札と商法司

第六章　通商司の創設と開拓使

1　通商司

第七章　開墾会社設立

第八章　銀行開設

第九章　営繕会議所

写真提供：公益財団法人　三井文庫
装丁：商業デザインセンター・増田　絵里

✣——編者まえがき

本書で取り上げられている三野村利左衛門とは、どんな人物だったのであろうか。

明治期のジャーナリスト・横山源之助が、『日本の下層社会』を出版（一八九九年）しておよそ十年後の明治四十三（一九一〇）年、その対局の世界を描いた『明治富豪史』を出版した。その中で、軽妙な語り口で三野村利左衛門について次のように記している。

「今日三井一家が、貿易に、銀行に、鉱山に、呉服店に、いや紡績、機械、製紙、あらゆる事業に手を拡げて居るが、わしの眼には、いつも三井家の帷幕(いばく)に据わった三野村利左衛門の人物が、眼に映る。そうじゃ、三野村は、菓子屋の養子から、三井家に入った男で、明治初年の新人物じゃったわい。幕末当時に例の小栗上野(こうずけ)が三井家に御用金を申し付けんとした時、風来者の三野村は、斉藤執権職の下で手柄を現したのが出世のそもそも。三井家の事業を呉服店と両替店に分けたのも、やはり三野村の指金で、会計検査の機密を知り、三井家の九死を一生にかえしたのも、この三野村の知恵袋じゃった。今日井上馨が三井家の大黒柱に据わっているのも、この三野村利左衛門の画策で、三井家の土台骨は、まァこの三野村で定まったのじゃ。住友家の広瀬宰平と三野村利左衛門とは、東西の両大関、明治富豪史の二大異彩じゃろう。三井家の事業は手広いだけ、三野村の方が看板が一枚上、まず横綱という格じゃろう。」（社会思想社／現代教養文庫、一九八九年二九頁）

本書は【三野村利左衛門の生涯】を扱っているが、それは右に語られているような、すでによく知られている事のみならず、これまで詳細が不明だった、利左衛門が江戸の地で築き上げた様々な人脈が、丹念に跡づけられている。こうした事柄は類書には見られないものである。

また三野村利左衛門が三井の下で様々な事業に取り組む中で、つねに社会的弱者に対する思いを忘れずにいたという、彼の内面的な心情にまで筆が及んでおり、それが貧民救恤（きゅうじゅつ）の事業や、養育院や育児方などの社会活動に及ぶことなどが、分かりやすく示されている。こうした利左衛門の人道主義の精神や、人道主義的な活動などの記述は、人間としての三野村利左衛門を描き出しており、本書を特色づけていると言えよう。

こうした特徴を持つ本書の著者は、東京向島の三囲神社（みめぐりじんじゃ）宮司を務めていた永峯光寿氏であった。氏は明治二十六（一八九三）年の生まれで、大正七（一九一八）年、國學院大學国史科を卒業されて宮司職を継がれている。江戸の歴史にも造詣が深く、『本所区史』（一九三一年）の編纂にあたられたり、関東近在に残る古文書の発掘などを手がけ、論文に発表するなどをされていた在野の歴史研究者でもあった。しかし、すでに昭和十七（一九四二）年に亡くなっているので、上梓されて本書となった同氏の原稿について、説明が必要であろう。

三囲神社は東京の三井家の守護社でもあったことから、利左衛門も深く信仰し、三野村の邸の神社のお祭りでは、三囲神社の宮司さんにお願いしていた。こうした縁もあり、昭和三（一九二八）年、祖父安太郎が利左衛門の出身や家系の調査・研究を永峯氏に依頼した。永峯氏による調査の始めは、三野村の同族六軒からの聞き取りなどから着手されたようであるが、話だけでは判然としなかったことも多かったようで、永峯氏は、利左衛門関係の確かな史料を求めて、その年の秋には出張調査に出かけた。その際、永峯氏の後輩・鈴木隆氏が助手として参加した。

調査・研究は昭和五、六（一九三〇、三一）年頃には終わったようであるが、祖父安太郎は八年に亡くなり、この調査の件は、安太郎の次の世代に、どういうわけか引き継がれなかったようで、永峯氏の調査・研究の成果については、三野村では分からないままになっていた。

ところが昭和三十年代になって、私の父が、父の兄から譲り受けた大量の三野村家の文書類の中に、二百字詰め原稿用紙で三百枚程になる永峯氏の原稿が、各種の多くの下書きや、実父関口家の系図などと一緒に発見されたのである。

また昭和四十四（一九六九）年には、三野村清一郎氏が『三野村利左衛門伝』を出版された。この本には私は、大きな驚きを一つならず二つも与えられた。

一つは、この本の「まえがき」冒頭、「このたび明治百年に際しまして、曾祖父三野村利左衛門清為の伝記を刊行することにいたしました」と書いていたことである。清一郎氏が利左衛門のことを「曾祖父」と言うことは、氏が曾孫（ひまご）に「成りすまし」ていることであり、全くの虚偽である。では、三野村清一郎氏は利左衛門とはどのような関係になるのか。ここで古い話に戻らなければならない事をお許し願いたい。

三野村では利左衛門の時代、家政については番頭が取り仕切るようにしていた。

利左衛門は、最晩年の明治九年頃、「よく尽くしてくれた」という感謝の気持ちで、番頭に対して三野村の姓と財産を、しかも娘婿の三野村利助と同額の財産を与えた。こうした利左衛門の行為は、利左衛門が自分の遺産は自分が独りで創ったものではない、家政を守り一緒に頑張ってくれた番頭のお陰でもある、という利左衛門の独特の考え方を良く現していると思われるのであるが、それはともかくとして、その結果、三野村姓は血筋を引く利助の三野村と番頭の三野村という二軒になったので、利左衛門は、血筋である娘婿の三野村利助の家を東三野村（お東）、もう一方の利左衛門とは血縁関係のない番頭の三野村を西三野村（お西）として、区別することにした。

これによって、東三野村の初代は利助、二代は安太郎と続き、私は安太郎の孫にあたる。これに対し西三野村は、初代は利一氏、二代は倉二氏、三代は清一郎氏と続く歴代番頭の家系である。

三野村には東三野村と西三野村があることは、かつてはよく知られていたが、今ではそのこと自体分からなくなっているし、ましてや同じ三野村姓にして「東」が付くか、「西」が付くかで、利左衛門と血縁のある者とない者という違いがあることを知る人は少なくなっている。清一郎氏は、それを知る人が少なくなっていることをチャンスと見て東三野村に成りすまし、「利左衛門の曾孫」にデビューした訳である。しかし人としてはやはり遣るべき事ではない。残念ながら清一郎氏の『三野村利左衛門伝』は、氏の成りすまし人生を記念する出版物となってしまった。

私が驚いたもうひとつは、清一郎氏が、同じくこの本の「まえがき」で永峯氏による利左衛門の調査・研究に言及し、「古いことであり、これといった事実もつかめませんでした」、と全く否定的な書き方をし、同じく同書付録の観劇「座談会」では、永峯氏に「いろいろ頼んだときに、宮崎にいろいろあるとか、北海道の開拓使に非常に関連があるとかで、ずいぶん調べたんです。

そのうちに永峯さんが死んじまって……」などと、永峯氏が非常に無責任な人物であるかのように書いていたことである。

これを見たときに私は、永峯氏はこうした事になることを見据えていたに違いないと思えてならなかった。だから調査報告書は、三野村の当時の番頭である三野村倉二氏に提出した後、それ以外の調査研究に関する一切の史料は東三野村に託すようにした、と考えるようになった。だとすれば東三野村に生まれた者としては、何としても、これを世に出さなければ、永峯氏に申し訳ない、そう思うようになった次第である。

そう思うようになってから、もうすでに五十年近くになる。諸々の経緯を踏まえて今、私は自らが編者となり、永峯氏の原稿を出版することとした。

編者として私が行った事は、先ず第一に、原稿は執筆されて、既に百年近くは経っているので、現代の若い皆さんにも読んで頂けるように、

＊使用されていた旧漢字は常用漢字に改めた。

＊あまりに古い言い回しは、多少とも分かりやすい言い方に改めた。

＊永峯氏が引用している引用史料についても、本来は手を加えるべきものではないが、読み易くするために漢字を改めたり、仮名を振ったり、口語訳を添えたりした。

＊記された年号は全て和暦であったが、本書では邪魔にならない限り、西暦も並記しておいた。
＊本文では、明治四（一八七一）年に新貨条例が制定されて、貨幣の単位が「両」から「円」に切り替わった幣制改革があったことには言及されていないので、読み進む内に、「両」が突然「円」に変わっていて、一見して不自然で、作者が、混乱しているように思われるかもしれない。しかしそれは、幣制改革があった事によるものであることを了解頂きたい。
＊文中、年表などの年齢表記は、生まれた時を一歳とする「数え年」で表記している。
＊用字・用語等で、現在は使用しない（できない）ものも、やむをえずそのまま表記している部分がある。

三野村利左衛門の思想と行動には、時代を突き抜けるものがあったことを本書は示唆している。世界中で人間社会のあり方が問い直されている今、本書から何かヒントを得ることが出来たら素晴らしいと思いつつ、本書が三野村利左衛門研究の進展に多少とも寄与しうるようにと願うものである。

二〇二〇年十月

三野村　暢禧

本書関連・基本用語説明

■三都

幕府の直轄領であった江戸、京都、大坂の三大都市をさしていう。江戸は幕府の所在地で政治の中心地であり、武士・町人が集住して人口は百万人を超える大都市であり、京都は内裏が所在し、伝統的な学問、文化や寺社、手工業のある歴史都市で、大坂は「天下の台所」といわれた商業や金融の先進都市であった。幕府は三都の富豪、両替商などに種々の特権を与えて、幕府の御用を務めさせた。

■為替

遠隔地間で商品の売買が行われると、買い手は遠隔地の売り手に代金を支払う事になるが、買い手が遠隔地に代金を運ぶと、落とす、盗まれるなどの危険が伴うので、この支払いを証文（手形）によって行うのが為替である。次のような仕組みとなる。

買い手は近くの代理人に代金相当額を支払い、引き換えに為替を受け取る。買い手は受け取った為替を売り手に送り、これを受け取った売り手は定められた代理人から、為替と引き換えにお金を受け取る。これによって遠隔地間を金が移動せずに、安全に支払いが完了する。この代理人役を両替商が務める。

■両替商（両替屋）

各種の貨幣を交換する業務を両替という。古来貨幣としては伝統的に銀貨、銭貨が使われていたが、江戸幕府が開かれて以降は、これに金貨が加わり、三貨（金貨、銀貨、銭貨）となった。古い時代の貨幣も常に使われており、その上、藩札なども出てきたので両替は複雑を極めた。そのため専門の業者である両替商が数多く生まれた。

三都のほか、主要な城下町、港町、門前町、宿場町などにも両替商が開業され、互いに結びつき、全国的なネットワークを形成していた。有力な両替商は両替にとどまらず、預金や貸し付けも行い、広く金融業を担うようになった。

■銭両替・本両替

両替屋にはもっぱら両替業務を営む銭両替と、金融業務（為替業務や貸し付け等）を主とする本両替があった。本両替は資金力も多く、信用力も大きかったので、幕府の御用や諸藩の御用を務めた。大坂、江戸などでは、諸大名の蔵屋敷の蔵米（年貢として農民から徴収した米）などの保管、販売などを行い、蔵米などを担保に大名への貸し付け（大名貸）も行っていた。

両替商の開業は大坂が最も早く、寛永五（一六二八）年、天王寺屋五兵衛が開業したのを始めに、小橋屋浄徳、鍵屋六兵衛、鴻池善右衛門などが続いて開業した。

江戸の両替商は、大坂より約五十年遅れて、三井により開設された。

■十人組両替屋

寛文十（一六七〇）年、幕府は本両替の取り締まりを目的に、有力な本両替十人を選任し十人組両替屋とし、その資金力を利用して相場の統制や公金の上納などの幕府の金融政策を担わせ、見返りとして帯刀などの各種特権を与えた。

■御用達（ごようたし）・御用商人

幕府はじめ武士は、城下町に集住したため、あらゆる生活必需品は商人から買い付けていたので、一定の格式と信用のある町人（商人や職人）が、御用達としてが出入りしていた。こうした町人が、御用商人、御用絵師、御用畳師などと職種に応じていわれていた。

御用達や御用商人の多くは苗字帯刀を許され、身分的に優遇された。資金力を見込まれた御用商人は、幕府や大名から、たびたび多額の御用金（献金）を求められた。

■三井家（十一家・大元方）

出自は伊勢、松坂の商人、古くから強固な地縁的人脈があった。家祖・三井高利は10男、5女をもうけ、その長男・高平の時に一族の同族的結合の序列をつくり、やがて男系の本家六家と女系の五家の全十一家の大きな一族となった。

江戸、京都に呉服店を開業し、元禄四（一六九一）年には幕府より大坂御金蔵（ごきんぞう）銀御為替御用を引き受け、両替業としての発展の基礎を築いた。

高利没後、彼の遺言により、遺産は共同で相続することとし、営業資産は分割せず、宝永七（一七一〇）年には一家の司令塔として、京都に大元方（おおもとかた）を創設し、営業組織と同族組織を統括し、全ての資金は大元方が所持して呉服店、両替店に融通し、利益は大元方が収納し、同族関係の賄料（生活費）を支出した残りは全て蓄積して、事業拡大に努めた。

■三井組・政商

元禄四（一六九一）年、幕府の大坂御金蔵銀為替御用を務めたことで、三井は為替業務で幕府金融の中枢に深く関わる特権的な御用商人となった。この御用では、三井は大坂で下げ渡された資金を江戸で上納するまでの期間（六十日、後には九十日ないし百五十日）は、これを運用し利益をあげることができたので、この特権により、やがて三井は、単独で十人組両替に並ぶ力量を築くことが出来た。

幕府倒壊後、新政府の金融事務の担当を命ぜられると、三井では、これを御為替方三井組といい、自らを三井組と称するようになった。三井組は政府の金融・財政政策に密着し、藩閥官僚とも深く結びついて、住友、岩崎、安田、古河、大倉、浅野などと同様に、政府の特権的な御用商人、すなわち政商となり、財閥に発展していった。

第一章

両替屋・紀伊國屋利八の誕生

明治維新は、我日本の社会諸制度が、根元から変動を来たした時期である。すなわち政治的方面はもちろん、経済的方面においても同様であって、この前後において、富豪大家として世に知られておった家が、あたかも満開の花が疾風（はやて）や東風（こち）に散らされるように倒産した。

しかるに大三井家はその間にあって、よく再三の危難をのがれ、今日まで名実共に存続することを得たが、これ全く三野村利左衛門の決死的努力が大なる効果を奏したのである。

しからばこの三野村利左衛門は、いかなる関係によって大三井家を維新前後における財界変動の大渦巻の渦中から免れしめたかという事について、世間では色々の説をなしているが、第一、利左衛門の履歴が明らかでなかった位であるから、その説たるや推して知るべしである。すなわち利左衛門の伝記と称するものは、『商海英傑伝』や『三井王國』をはじめ、諸書に散見するが、皆不審の点が多く、正鵠（せいこく）を得たものとは言い難い。

たとえば、利左衛門の親は足軽であったと伝えられたり、あるいは彼の親はもちろん、生国さえも明らかでない孤児であるとも言われている。

また利左衛門の親は、出羽庄内藩において三百石を戴いておった関口松三郎で、後に木村又太郎の末孫利右衛門の養子となって、利右衛門を名乗っていたが、壮年の時国を出で、京大阪の辺に居を構え、そして利左衛門はその際七歳であったとも伝えられている。

しかるに今回計らずも、その間の事情を明らかにする史実と利左衛門を知る遺族の方々の証言をも得られたので、次に詳述して、在来の誤伝を正して見たいと思う。

◇　◇　◇

✺庄内藩

三河国坂井郷の住人、酒井太郎左衛門尉大江忠親の末孫、小平次忠次は、徳川清康の女（むすめ）と結婚して、永禄七（一五六四）年三河吉田城を徳川氏よりたまわり、徳川氏の譜代となった。その子家次は、天正十八（一五九〇）年下総国臼井城に転封され、次いで慶長九（一六〇四）年十二月には、上野国高崎城に移されて五万石を領した。元和二（一六一六）年には、大坂役の戦功をもって、越後国高田城に転封し、五万石加増の上十万石を領した。元和五年には、その子忠勝が、信濃国松代城を治めて四万石加増の上、同八年九月、出羽国鶴岡城に転封されることとなった。これ世に名高き庄内藩である。

✺臣下に関口家

矢継ぎ早の加増転封により大藩の庄内藩を治めることになる。領内の実収は石高の数層倍に達した結果、その勢は朝日の昇る如く、ために人材を四方に求める事に努めた。その節、臣下に列したものの中に、関口正右衛門為宣というものがおった。二代を伊左衛門、三代を正右衛門道順、四代を正右衛門為貞、五代を久太夫為像と言い、この久太夫は後に孫左衛門と改称し、また彦右衛門と改めた。六代は正之助為規と言い、後正右衛門為規と改めた。為規は、酒井氏女(むすめ)岩井を娶(めと)ったが、子女なく、ただ妾(めかけ)佐藤氏女屋壽との間に、一女豊浦を設けたのみであった。

為規は豊浦にそわすに、長坂十太夫の二男平蔵を以てしたが、彼は早世するにいたったから、さらに町野宇右衛門次男喜内為芳を養子として、豊浦にそわせた。為芳は七代を継ぐと、彦右衛門為芳と改め、豊浦との間に六男一女を設けた。

長男は正之助為弥(ためよし)と言ったが、文化元（一八〇四）年に早世したために、次男正右衛門為久（幼名幸之進）が八代を継いだ。三男は松三郎で、四男は貞吉、五男戌吉（または亥吉）、六男恰(あたか)為直、長女は於連で、藩中の家老安藤氏九代武権の後妻となって、権蔵を生んだ。

✺父の出奔から諸国放浪の旅へ

右に述べた三男松三郎は、すなわち三野村利左衛門の父であって、彼はある事情のために、壮年にして国を出奔してしまったが、その家人等は彼の出奔先を江戸と思い、すぐに弟の貞吉が出府の上、苦心捜し求めたけれども、ついに松三郎を捜し得ずして庄内へ引き返した。松三郎が、京阪の間に居住した時には、文政四（一八二一）年生まれの利左衛門はわずかに七歳であった。

利左衛門は、父と別れてから天保五（一八三四）年十四歳の少年を以て、諸国放浪の旅に登ったが、十九歳の天保十年、江戸に足を止めて奉公するまでの六年間の艱難辛苦は、並大抵の事ではなかったようである。

その艱難辛苦の一例としては、利左衛門が三井家の屋台を一身に担って立つようになってから、時々三井家に仕えている若い店員等を集めて、「自分はかつて家を離れて、雲水の如くに世を渡ったことがあるが、ある年の冬、越路にさまよい歩いたとき、日は暮れ、雪は遠慮なく降り積って、寒さは肌に浸み渡り、手足は凍え疲れて歩行はなはだしく困難となった。嚢中を探ればわずかに天保三百文。もし今宵一宿したならば、翌日の路用を失う事になる。思案数刻にして東西を彷徨していると、幸にも家の軒端に藁の積み重ねてあるのを発見したから、日が暮れ、人跡絶えるのを待ち、密にこの藁の中に潜り込んで一夜を明かし、払暁（ふつぎょう）人の起き出でない中に早々ここを立ち去った事があった。自分はこの時の苦しみは常に忘れようと思っても忘れる事が出来ない。汝（なんじ）等（ら）青年は、いま飽食暖衣しても、なお不足を洩らすようであるが、時勢の移り変わりとは言え、少しは自分がかつて経験してきたこの辛苦を幾分でも察してくれたならば、汝等の感じているような不足は無いわけである」と、懐旧談を試みて諭した一事を挙げてみたい。

✺江戸に出て奉公、紀伊國屋利八の婿養子に

利左衛門の放浪の旅も伊丹の米搗(こめつき)人足をやめ、天保十年江戸に出て来て終わりを告げた。江戸に足を止めた彼は、はじめ暫く神田の人足宿にいたが、その後、縁あって神田通新石町の果実商駿河屋小久保左七方に居候となり世話になっていた。

そんな時期に彼は左七の紹介で、売り掛け金の回収が付かず倒産の危機に追い込まれていた神田鎌倉河岸の白酒屋豊島屋の整理を引き受けることになり、一応の目途を付けて遣ることが出来た。豊島屋は将軍家を始め旗本や武家屋敷にも出入りする、白酒屋の老舗であったので、彼のこの働きは当時、武家や町人の間で大いに評判になった。

このようなことがあって後、奉公する身となったその節、最初に彼が身を寄せた家は、金座後藤を背景にして深川に油問屋を開いておった丸屋事(こと)西村七右衛門方であった。彼が丸屋で、油を商って働いておった時に、その怜悧なる性質には丸屋一同非常に驚いて、将来を嘱目されたものである。

のちに弘化二（一八四五）年、神田三河町で砂糖等を商っておった紀伊國屋利八方の家族の一員となって、その娘な加と婚姻を結んだが、時に二十五歳であった。

✺家業に励み両替屋を始める

利八が紀伊國屋に婿養子となってからの彼の努力というものは一通りならぬものであった。星を戴いて業を始め、月の中天に昇るを待って臥するを例とし、時には妻女な加が作った金平糖を肩にして行商を行い、刻苦勉励する事七年、ようやくその効が報いられて嘉永五（一八五二）年八月七日、彼の居住していた神田三河町三丁目地主新兵衛の親戚に当る小石川伝通院前表町家持伊勢屋嘉右衛門から天秤を譲り受け、紀伊國屋利八として両替屋を始める事になった。

当時江戸市中の両替屋は、本両替屋、二十七番組両替屋、門前両替屋等合わせて七百余軒あって、この商業の道具としては天秤一つあれば事足りたのであるが、しかしこの天秤の扱いは非常に厳重な規則が出来ておって、もし事故のために天秤を幕府に取りあげられた時には、一切商売は出来なくなるのはもちろん、相続、譲替、休業等すべて幕府に願い出の上、その指図を受けるのが規則であった。

✺一ドル＝一分銀三個の交換比率決まる

利八が両替株を買って六年後の安政五（一八五八）年には、米使ハリスとの間に修好通商条約が締結される事になると同時に、また通貨交換の規定書が出来た。これによれば両者の通貨の金は金、銀は銀と秤り合わせて量目を定めたのである。すなわち米貨（洋銀）一ドルの重量は我一分銀三個に等しかったから、両者とも各その金貨に対する比価に大なる差異あることに気付かず一ドル＝一分銀三個という事に決定した。

✺一分銀は過大に、小判（金）は過小評価、洋銀は流入、小判は国外へ

しかし我小判一枚は国内においてはわずかに一分銀四個の価を有することとなっているけれども、彼地においては小判一枚に含む金量は、一分銀四個に含む銀量のおよそ三倍に等しき価値を有しておったのである。

それ故にもし外人が洋銀一枚と一分銀三個の割合で一分銀を求めて、一分銀四個と小判一枚との割合で小判を搬出し、再びこれを洋銀に換える時には、たちまち莫大の利益を博する事になるので、我金貨の海外に流出するのがはなはだしく、底止まりする所を知らずという有様になった。

ここにおいて幕府当局者はもちろん、この交換率を主唱した米使ハリスも大いに驚いて、彼ハリスのごときは幕府に対して一分銀の価値低減を忠告したけれども、幕府としてはもし一分銀の比価低減を行う暁には、国内の物価は大暴騰を来すことになり、もしこれを行わざれば、我国の金貨はますます海外に搬出される事になるというジレンマに陥った。

✺大両替屋には漁夫の利

さきに両替屋規則によって幕府は無天秤にて銭売買は申すに及ばず、売溜銭の両替すら厳禁していたから、もし外人が洋銀を一分銀に引き換えようとするには、主に両替屋の手を経なければならなかったのである。それ故、利に聡き両替屋は一分銀並に小判を勉めて収集し、外人と極めて有利に取引を行って巨利を博したものが多かったが、特に本両替屋のごとき大資本を要する商人は、番組の小両替屋連を使役して漁夫の利を占めた。

✺三井、横浜店で外国為替を取り扱う

幕府はハリスとの間で契約した修好通商条約によって、安政六（一八五九）年六月一日より横浜を開港する事になった。これより先、安政六年二月二十七日、江戸における有力なる三十四、五人の大商人が、当時の勘定奉行兼外国奉行水野筑後守より来る六月朔日より横浜を開港するについては、多くの外国人に対し充分の準備をする必要があるので、便宜のために江戸の信用ある商人に支店を出させる事になったから、そのむねを体し、六月朔日までに開店すべしと命令が下った。三井に対しても長崎表でも八郎右衛門高福が御用を相勤めているのだから、その縁故をもって横浜でも御用を勤め御国恩に報ゆるようにとの事であった。

三井の横浜の店は、「現銀掛値なし呉服物木綿類品々」の看板を店頭に掲げて呉服物を売るの

が主であったが、勘定所の御金御用をたまわり外国為替の取り扱いをも行う事になった。

こういう関係で三井両替店は、大いに我国の貨幣と朝夕その相場の変動を来した洋銀との売買を行って多大の利益を得たものであるが、利八もこの機を逸せず紀伊國屋利八として本両替屋三井の御用を勤めると同時に、直接横浜において外人と取引を行い、産をなす事を忘れなかった。すなわち彼が将来の財産上の基礎は、この時に築かれたのである。

第二章

幕府御用金一件

1　勘定方と利左衛門

✺勘定奉行・小栗上野介、第一回長州征討軍費として御用金百万両を要求

文久より慶応の末（一八六一〜六八年）に至る幕府は、内治に外交に誠に多端（たたん）の期に遭遇して、人物と財政の窮迫に一方ならぬ困難を感じていた。

たとえば元治元（一八六四）年には、第一回長州征討の軍費と、下関事件の第一期償金支払のために要する大金の出所に苦しんだごときであって、すなわち元治元年十二月、時の勘定奉行兼軍艦奉行勝手方小栗上野介忠順（こうずけのすけただまさ）は、三井ならびに十人組に対して御用金百万両の申渡しをなしたために、三井は半金五十万両を引き受けざるべからざる立場となったが、この御用金は右の償金ならびに軍費の一部とするためであった。

これより先き横浜表三井組が長崎同様外国方の税金を御預りする事になった事は、前項に述べた通りであるが、その節横浜在住の商人連が、横浜店支配人に対し並合取組を頼みに来たので、支配人一己の料簡を以って御預りの御用金を多額に並合貸として取組んだところ、その当座は約定通りに滞り無く取引されて来た。しかるにその後奸商連の術中に陥って莫大の金額滞り、いか

に掛け合うとも返却せしめる望み絶え、資金融通の上に大なる支障をきたす事になった。

よって江戸店重役共は日夜それが善後策に苦心しておったところ、勘定奉行より五十万両の御用金の命が下ったものであるから、いかに大三井としても即座にこれが命に応ずる事は到底不可能であった。

かくのごとき事情であったから、この御用金問題は一歩誤れば三井家の浮沈に関する大事件であるので、江戸における三井の代表者がこれを解決せんとする苦心は想像以上であったのである。時に稲垣次郎七、齋藤専蔵の両支配人が、常に三井両替店に出入する神田三河町三丁目四番組両替屋紀伊國屋利八が、勘定奉行小栗上野介その他勘定所役人と昵懇(じっこん)であるという事に気付き、窮余の一策として利八に依頼したために、ようやくにしてこの御用金を免れる事が出来た。

ここにおいて説明の必要を感じるのは、いかなる縁故によって利八が小栗上野介初め勘定所諸役人と昵懇にしていったかという事であるが、順序としてまず小栗上野介の閲歴(えつれき)、性格を簡単に述べ、ついで勘定書と利八との因果関係を述べて見ようと思う。

✺小栗上野介の出自と米国渡航

小栗上野介の家は三河武士であって、家康関東入国に従って来た二千五百石の旗本の家で、父忠高は新潟奉行となり賢明の聞えがあった。上野介は文政十（一八二七）年神田駿河台の居邸に生れ忠順と言ったが、彼が幼少の折には世人は彼を評するのに、低能に近き凡人であるように見えて、非凡の能力の持主であると驚いた程である。

安政四（一八五七）年には使番となり、次いで安政六年、目付役を命ぜられ、安政七年外国奉行新見豊前守、村垣淡路守の両氏が米国へ条約改正の使者として渡航する節、彼もまた監察目付役として同行した。時に彼は三十三歳であった。彼が彼地に滞留したのはわずか六ヶ月余りであったけれども、その間彼の耳目に触れた国情文化に対しては、その微細な点に至るまで決して見逃すような事は致さなかったであろうと思う。これは次に述べる彼の性行の一端からしても当然かくあるべきであった事は断言してはばからない。

上野介が一日、外国奉行役を勤めた朝比奈閑水に誘われて、遊船にて墨堤の桜花を見物に行った事があるが、この時上野介は桜も酒も美人も全く眼中に入れないで、「かの川の瀬は水利上の利害はいかがであろう。またかの堰は今少し高くせば有利ではあるまいか。あるいは低くせばさらによいではなかろうか。かなたの水田こなたの水利は民生のために善悪可否いかがであろう」等といい暮して、全く人民の利福を基とした事のみを論じ来り論じ去り、身は桜花妍を争う下にあって花見の客であるという事などは全然忘れたようであったという話が残ってあるが、この例をもってしても六ヶ月余の米国滞留期間中に、彼はいかほどの知識を得たかということは想像するに余りありというべきであって、万延元（一八六〇）年十月無事任務を果して帰朝するや、直ちに外国奉行に抜擢された。

✵帰朝後外国奉行に抜擢されるが、病気で辞任

とにかく前にも述べた通り、彼は非常なる進取的性格をもっていたから、外国奉行拝命中露国との交渉を一手に引き受け、対馬にあるいは函館に出張してこれが解決に努力したのであるが、普通でさえ他の幕閣の有する知識より一歩進んでおった上に、なにしろ洋行帰りの新進であるから、つまるところ今回の対露の方針についても意見を異にするは当然であり、ために文久元（一八六一）年七月、病気の故をもって辞職した。

しかし彼は決して外国礼賛病に陥った訳で無いことは、上野介の友人である漢法医浅田栗園に彼が言った言葉に、「余は欧米の長所は、いやしくも利用厚生に供し得るものであるならば、一としてこれを取り入れざるものはない。しかしながら我国の衣食住は自ずから欧米と異った所があるので、除外なく彼等の事物を日本に取り入れたならば、必ずや弊害の生ずること明らかである。医術のごときは、すなわちその最もしかるべきものである」とあるを観ても、彼の識見は如何にも正鵠（せいこく）を得ておって、彼の胸中にはただ国家人民以外には何者も存在しなかったといっても差し支えない。

✺財政急迫で小栗上野介、勘定奉行に再任

我国は万延、文久と年を重ねるに従って益々国事多端（たたん）となり、大局に通ぜざる頑迷固陋（ころう）の浪士輩を始め、名を尊王攘夷にかって幕府を窮地に陥れんとする薩長策士共が、外人をゆえなく殺傷するために、外交問題は益々複雑し、これが償金支出の責任を生ずるとともに、一方文久二（一八六二）年二月には将軍家茂が公武合体の趣旨から和宮と婚姻の式を挙げるに至り、幕府としてはこれがためにまた多大の経費を要することになった。

しかれどもその時の閣老には、窮迫の極に達している幕府の財政の難関を切り抜けるだけの人物は一人もなかった。よって結局先きに対露策の意見相違のために辞職した小栗忠順以外には、この難関を突破して一時なりとも破産に瀕している幕府の財政を救う者が無いという事に帰着して、文久二年六月勘定奉行勝手方に彼を任命した。

彼が勘定奉行となるや一意幕府財政整理に没頭し、絶対に難事とされていた大奥の整理を初め、率先して公然の秘密として行われておった付け届物の矯正を行う等、その度が過ぎたと思われるほどの改事を断行して、財政政策の立直しを試みた。

すべてがこの有様であるから、閣老との意見の衝突は当然免れ得ざる事であって、彼の任免の度が繁しかったけれども、一つ難局に遭遇すれば彼を起用せねばいかんともすることが出来なかったのである。また彼としては一度幕政壇上に立った時には、これが職責を全うせねばならず、

この目的を達成するためには厳正忠実なる股肱（ここう）となる必要があった。

✺勘定所をめぐる諸家の複雑な関係

これまで勘定所において費用を要する時には、三井初め十人組その他に対して御用金を仰せ付けたものである。しかしまた金座後藤に対しては、特別に御用金の便宜（べんぎ）を常に計らしめるのが通例であったために、勘定所諸役人と金座後藤とはことに親密の間柄であった。

何しろ金座後藤の中興後藤三右衛門が弘化二（一八四五）年十月、幕府の忌諱に触れて死罪になり、家は欠所を申し渡された時に隠匿残りの財産を勘定方に引き上げた額が、十五万七千七百五十両あった事から考えても、いかにこの後藤家には現金が多くあったかという事が察せられようと思う。

次に御金改役金座後藤家と利八の旧主丸屋号油問屋西村家との関係を、一言説明する必要があるのである。

後藤家は文化、文政の頃においては、一時内政の窮迫その極に達し、いかにして家名を存続せしむべきかという事に頭を悩ました。この時信州飯田の蝋燭屋の倅（せがれ）が、飯田藩士の子ということで見せ金をして後藤家に入籍したのが八代後藤三右衛門光亨であって、実に後藤家再興の祖である。彼は学識が深かったのみならず国士的才気をもって事に処したために、幾許（いくばく）もなくして後藤家の富を旧に復す事が出来た。

また西村家五代三郎兵衛には一女八重があった。しかるに三郎兵衛は文化十（一八一三）年、八重が八歳の時に病没したために、女手のみでこの店を維持して来たが、八重が成長するに従い店に幼少から奉公していた埼玉県の産である七右衛門を婿養子とし六代を継がしめた。この七右衛門は学識も無く、また国士的気分などは全然なくて、ただ商利という事に対しては寸量も見逃さないというほどの排他的才気の持主であったから、性質は異なるとはいえ縦横なる才気の持主の二人は、自然に何時とはなしに親密の間柄となり、投機的商法を好む七右衛門が失敗したとき等には、三右衛門は疑いの心は少しも持たず、心好く数千金を出して七右衛門を救った事が一再に止まらなかった。

のみならず七右衛門と八重との間には三女あって、長女をキノ、二女をヒデ、三女をヤスといい、長女キノには後藤家に奉公しておった佐平を婿とし、二女ヒデには後藤家の横浜の店に勤めた七兵衛を婿として同日に婚礼の式を挙げ、三女ヤスは三右衛門の弟三七郎の嫁としたように、後藤家と西村家とは複雑な関係が出来ておったのである。

かくのごとく後藤家と西村家とは切っても切れぬ深い関係が出来ておったから、紀伊國屋利八（紀ノ利）が天秤を譲り受けて両替屋を始めるようになってからは、商売の便宜上常に後藤家に出入したのであって、後藤家に紀ノ利が頻繁に出入りすれば幕府勘定方諸役人と懇親を結ぶようになるのも、また当然といわねばならぬ。しかして利八は幼年より親の膝下を離れて浮草の旅に放浪した結果、目に一丁字（いってぃじ）なく（無学である）、ようやく姓名を記すにとどまっておったけれども、耳の学問は余程発達しておって、時勢の推移を知る上においては驚くべき頭脳を有しておった。

✺利八（利左衛門）は小栗上野介の愛顧を受け、三井家の信用も絶大に

また恩義という点においても厚く、一度引き受けた事は己れの力の及ぶ限りの努力を惜しまず、いかに彼が利に敏（さと）くとも、他を排除してまで己が利益を貪（むさぼ）る事は絶対に致さなかった。このような性質であったから、小栗上野介のごとき剛直の士に深く愛顧を受けると共に、上野介の事業に対しても理解をもって勤めたのである。

利八は以上のごとく勘定奉行小栗上野介初め勘定所諸役人と、親分、子分に等しい関係を有しておったから、元治元（一八六四）年十二月に三井に対して課せられた五十万両の御用金を彼の尽力によって難無く免れる事が出来たのである。

右の五十万両御用金一件以来、利八に対する三井家の信用というものは絶対的のものであったという一例としては、翌慶応元（一八六五）年四月、三井が以前より御金御用の御出入を勤めておった上総一の宮加納侯より理由不明の招待が突然あった時に、御用金では神経過敏になり過ぎている三井としては、非常に不安を感じ、江戸詰三井高朗が御招きに与って出発に際し、もしもの時

の相談役として利八を同道せしめたということがあった。しかるに先方に行って見ると予想外の待遇で御馳走攻めになって帰り、御用金の心配は誠の杞憂に過ぎなかった事があったが、これには当然の理由があったのである。すなわち和宮御降嫁に当って加納家が諸事奉行に任ぜられた時に、三井は昔からの関係上加納家の御台所御用を務めたために、加納家が無事その大役を果たす事が出来た、それが感謝のための招待であった。

✺小栗上野介、今度は三井に御用金一万両を命じ、三回の分納で完納

小栗上野介は任免の度がたびたびであった事は前に述べた通りであって、元治元年十二月頃には一橋家の封禄増加問題に際し勘定奉行を止められて海軍奉行となった。しかるに慶応元年第一回長州征討その他の要件で将軍が上洛する事になった時に、当時の財政は将軍の進発の費用を支出する事は到底不可能であったので、また再び小栗上野介を勘定奉行に任命し、この重要なる任務を全うせしめんとした。ここにおいて小栗上野介は慶応元年五月、再任するや直ちに各方面に向かって御用金の提出を命じたが、この時三井に対しては一万両の負担であった。

この際も江戸店の支配人は、再び紀伊國屋利八に対し免除の運動の可否を質したので、紀ノ利が勘定方と接衝して内情を調査した結果、今回の一万両は格別の趣意柄である上に市中一体の儀につき当然納むべき性質のものであるという事が明らかとなり、この由を支配人に通じて、滞

りなく一万両を分納する事に決定し、早速三千両を納め、残り高の中二千両は九月二十一日、次の二千両は十一月二十一日、残金三千両は十二月二十一日に皆納した。このように三井としても当然納むべきものは納め、また紀ノ利としても当然の御用金をただ縁故によって不納に終らしめる事は、国家に対して相済まざる事なりとの観念を有しておったのである。

✺三井は第二回長州征討軍費など百五十万両を要求される

元治元年の第一回長州征討は完全に目的を達する事を得ずして結末を付けた事になったが、そのためにいよいよ長幕関係は複雑となり、再び征長の気分が濃厚となって来た。しかし幕府方には前にも再三述べてきた通り、権威ある人物がおらなかったために命令が徹底せず、征討軍の連結も完全に統一する事を得ず、その上に軍費の欠乏という事も非常な不利を招いて思うように軍を進める事が出来ず、ついに不成功に終った。

この際幕府の兵站部たる勘定方には常に不遇をかこつ名奉行小栗上野介がおって、これが軍費の調達に一方ならぬ苦心をしておったが、一方には過般の下関償金の残金支払の期限が来ているので、泣き面に蜂の始末であった。

ここにおいて慶応二（一八六六）年正月二十九日、三井家支配人稲垣次郎七が小栗上野介の駿河台の邸へ呼び出され、組頭等立会の上で第二回長州征討ならびに下関事件償金のために幕府においては百五十万両を要する故に、この際ぜひ三井として御奉公をして欲しい、そしてこの御用金は二、三ヶ年賦でも結構であって、もし今度の御奉公を全うした上は、江戸表はもちろん大阪表においても決して今後は三井家に対し御用金の仰せ付けは致さない事にするから、何分にも尽力を頼む。なお名代に対しては改めてその沙汰をすべしとして、非常の歓待を受けて帰店したが、翌正月晦日(みそか)三井元之助に対し御呼び出しが来たので二月朔日(ついたち)、名代共召連れ御勘定所へ罷(まか)り出たところ、前に稲垣次郎七に御内談あった通りの仰せ出しがあった。

その償還方法としては、三井で扱っている横浜店税銀が毎月三万両ほどあるによって、その中より一万五千両ずつ相違なく下渡し、また金高に対しては相応の利子も付けるという申し出であった。

✺三井の御用金御免は許されず、五十万両三ヶ年賦で引き受けるが…

しかし三井家としては、すでに一昨年の五十万両御用金一件に於いても如何ともする事が出来なかったし、昨年の御用金一万両に対してもようやく分納の責を果す事が出来たばかりであるので、到底今回の御用金も完全にその義務を全うするという事が出来ない事は火を見るより明らかであった。それ故三井家においてはこれが前後策に対し、いまだかつて経験しなかったほどの心配をして、種々その御用金御免の嘆願を勤め番を始め重役等が致したけれども、何しろ幕府としてはのがれられない問題のための御用金であるという深い意味合である故に、ようやく五十万両三ヶ年賦という事で御請けをしたが、重役中でも殊に稲垣次郎七、齋藤専蔵等はこれが前後策のために東奔西走して席の暖ることがなかったという事であるし、また多くの重役の中にはこのたびも、何分ともよろしく手蔓をもって嘆願したならばという説なども出た。

このようにして御引受した五十万両の御用金の中、その第一回分納金として直ちに九万両を納め、その十二月には第二回分として同じく九万両をようやく納めた。しかし連年災難続きである上に津々浦々までも血腥い風が吹き荒んで不景気のドン底時代となり、打ちこわしは各地に頻発するような始末であったから商売も思わしくないので、とうてい御用金の負担に堪える事が出来ないという事になった。

✺三度目の紀ノ利（利左衛門）の渾身の折衝で無事解決を見る

それ故前々よりの縁故によって三度紀伊國屋利八の出勤を促す事になり、また利八としても平生恩顧のある三井家の浮沈に関する重大事件であるから、身命を賭してこれが接衝に当たり、幕府当事者の面目を立てると共に、一方三井の負担を軽減する事に苦心した。この利八の努力の結果は慶応三年三月に至って初めて現れた。

すなわち三月二十五日勘定奉行所へ名代の利八、三野村利左衛門（利八の改名に付いては次章に詳述）が御呼出しになったので罷り出でたところ、中之御廊下において組頭根立助七郎、立合矢村小四郎列座の上、勘定奉行小栗上野介忠順より左の如き申し渡しがあった。

申し渡

三井　八郎右衛門

三井　元之助

その方ども願いの通り去る寅年より来る辰年まで年割をもって御用金五十万両を仰せ付けられ、右之内両度に金十八万両相納めたところ、右は御下渡方の御都合もあるので、残金を納めることは免じられます。

右は松平周防守殿のご命令ですので申し渡します。

これに対し三野村利左衛門は

慶応三年三月五日

三井八郎右衛門名代

同　元之助　兼

三野村利左衛門

の月日、名義によって御請書を差し出し、万事この問題は解決する事になった。

　ただし今回の御用金は三井家に対してのみでなく一般に対しても仰せ渡しがあったのであるから、三井に対する御用金免除の件が世間に漏れては大問題を引き起こし誠に面白からざる結果になるから、三井家内においても当事者以外には絶対に秘密にして欲しいという勘定所よりの希望があったが、これを見てもいかに幕府が三井家に対し好意を寄せておったかという事を知ると同時に、利左衛門の勘定奉行所における信用のいかに絶対的であったかという事をも認める事が出来ようと思う。

2　三井組出勤事情

✺小栗上野介、各種問屋商人七名と利八に交易商法所の設立を提案

慶応二（一八六六）年二月、幕府勘定所より一般に対し多額の御用金の命があり三井に対しては百五十万両の割当となったことは前章に述べたが、この問題があって間もなく、三月二日、薬種問屋鰯屋五兵衛、糸店越後屋喜左衛門、唐物問屋佐羽吉右衛門、同堀越角次郎、同大黒屋六兵衛、糸屋辻新兵衛、綿屋山形屋喜左衛門の七人が、紀ノ利事紀伊國屋利八同道小栗上野介役宅へ御呼び出しになって、奉行より直接「外国商法のことはその方共に命じておく。詳しいことは八郎右衛門方に承り、今すぐに引き受けるようにとのこと。また、極秘のことゆえ、他言は決してせぬこと」との申し渡しがあった。

この事も前々三井に対しては勘定所から御内談があった事で、三井の齋藤専蔵等も色々心配しておったが、三井としては複雑なる事情のために御免を願う訳にもいかないで、誠に当惑しておったのである。しかしこの交易商法所の設立の内容に付いては史料が少ないために明らかでないが、初め奉行所へ御呼出しになった時に紀ノ利が同道しておったという事は、最も注意すべき

一事実である。

✺幕府の終末を察知しつつも小栗上野介は、横浜に交易商法所を設立

交易商法所設置に付いては横浜の貿易を盛んにして税金の増収を計り、一方これを抵当として一般より御用金の徴収を計らんとするためでもあったろうが、広くこの問題を観察する時には、風前の燈火の如く今にも消えなんとしている幕府を超越したる小栗上野介の国家政策上の一発露であると思う。

前にも述べた通り小栗上野介は、遣米使節一行として米国に滞在せる短期間において財政上の問題はもちろん、軍備の上においても巨細（こさい）に研究して帰朝した新進の政治家であるからして、彼が陸軍奉行となるや在来の洋式三兵の法を改革して有事の際に備えんと、世界にて一番進歩しておったフランス式調練を採用せんと、直接フランス公使に教官の派遣を請い、在来の兵制を改めて我国陸軍の面目を一新すると同時に、旗本に課するに賦兵（ふへい）の制をもってした。これすなわち日本における徴兵制度の起源をなすものである。

また、彼が海軍奉行となるや、仏人技師ウェルニーと一年六十万ドル、四ヶ年計画で横須賀造船所建設を契約し、仏国ツーロン軍港にならって完成せしめた。

この際小栗上野介は、その友栗本鋤雲に向かっていわく「当時の経済は真に遣り繰り身上で

あって、たとえこの大事業を起さなくても、その資金を他に移すような事はないから、最も必要に迫られているドッグ修船所を造る事とならばかえって他の公費を節する口実を得る利益がある。また、いよいよ出来の上は旗号に熨斗(のし)をつけて染め出すも、なお土蔵付売家の栄誉を残す事が出来る」と悲哀的諧謔を発した。

栗本が後年、この事に関し「小栗のこの一語は決して一時の諧謔とのみ見るべきではない。実に無限の悲哀がその中に蔵せられてあった。小栗の心中には既に江戸政府の最早(もは)や久しく存在する能(あた)はざるを知っていたのである。しかしながら一日なりとも政府の存在する以上は、政府の役人としての任務を尽くさざるべからざる事を念としたものであり、小栗は常にかかる口気を離れた事ははなかった」と人に語ったという事であるが、この説に対しては全く同感の意を表すべきであろうと思う。

右の如く陸軍兵制改革を初め、横須賀における造船所新設の如き、皆いずれも国家の将来という事を主眼として、あらゆる非難攻撃を排除し、実現するにいたったのであるが、交易商法所においても同様であって米国における最新式商法である、所謂(いわゆる)コンパニーの法を実現しようとしたのである。

この動機は慶応三年兵庫開港について、彼上野介が幕府に提出した建白書の一節を見ても明らかである。その一節を上げて見れば

（前略）一体交易筋は商人共一己の利益のみ貪り薄元手の者共互に競い取引するようにては元手厚の外國人の為めに利権を得られ当時横濱表商人の如く今日僅に千金の益あり候とも明日直ちに一萬の損失出来候儀は全くは商人組合不申一己々々にて取引致候より右様の次第に陥り候儀右ハ商人一己の損失計の様に相見候へ共一商人其利を得ざるは一夫其處を得ざると同じ意にて即御國内に於いて夫丈（それだけ）の損失に相成り十商人の損失も百商人の損失も其の髙だけ御國の損失に相成遂に全國の利権を失し外國商人の為に蔑視され西洋商人の為に東洋に於て貨殖の地を與ふる儀にて御座候　就ては外國人と取引致候には何れにも外國交易の商社西名コンパニーの法に基き不申候半ではとても盛大の貿易と御國の利益には相成申ましきと存奉候

とあって、これを読んでも小栗上野介の遠大なる理想によって交易商法所、すなわちコンパニーに等しきものが開港以来失敗を重ねておる横浜に建設されようとしたのである事実を知ることが出来よう。

✺御用金貸し付け御用の江戸方の顚末

この交易商法所の実現せざる以前において、慶応二年九月二十四日勘定所より三井に対し市中融通のため御貸付御用を命ぜられたが、これは先に百五十万両の御用金を命ぜられた時に、種々了解運動の結果五十万両の負担となったために、幕府勘定所としてはこれが補充策を講じなくてはならぬ立場となった結果、相当の元金を三井に貸し下げこれを市中に融通せしめてその利を得んとするとともに、不時の入用を貸し下げ金によって充当しようとしたのであろうが、またこれは交易商法所問題の延長とも見られるものであって、当日名代として勘定所へ出頭した稲垣次郎七ならびに齋藤専蔵は、帰店の上早速店々一統打ち寄り評議を遂げたけれども、事が余り重大であって決定を見なかったが、このたびの御用筋については前々からの深い意趣柄があってただ御免を嘆願するという話には絶対に出来ないのであった。

何しろ今まで三井家としては余りに各方面の御用を引き受け過ぎている結果、近年の如く不景気となってはいかに注意しても隅々までは手が回り兼ねるために、欠損が多くなる傾があったのは当然である。故に機会を見ては一件ずつでも御用を減じるようにとの京都の三井大元方よりの厳命があった際であったけれども、今回の事件たるや特殊の事情があったのみならず、京都元方の承認を得る時日がなかったために、江戸方のみの取計らいによって御請をするより外に致し方がなかった。

すなわちこの御貸付金の問題は、春頃御用金免除の申し渡しがあった節、その交換条件として早くも勘定方から御内沙汰があったもので、その際稲垣次郎七は同役中へも相談なく一個の料簡をもって紀伊國屋利八へのみ相談の上、万一この御用を仰せ付けられた節にはこれに依って、横浜店塞物防方ならびに御預り金上納方の一助ともなして、融通の円滑を計るべく仕法を書き上げておった位である。それ故、今回正式に仰せ出された御貸付金御用を、至急を口実に京都大元方に打ち合わすことなく江戸方だけの考で御請したのも百五十万両一件の節の内約があったからであるのみならず、稲垣等が禍を福に転換するという方法を取って、行詰った江戸における三井の財政の円滑を計らんとしたためであると解釈を下す事が出来るが、これ全く稲垣次郎七が紀ノ利の才力を絶対的に信用したと同時に、紀ノ利と勘定所役人衆との関係を巧妙に利用したのであって、この一事をもってしても彼稲垣次郎七の明敏なる頭脳には実に感服の外はない。

✺三野村利左衛門への改名と三井御用所設立

なお京都方に対しては、今までの事情報告を兼ねて前後策協議のために、江戸より稲垣次郎七、永田甚七ならびにこれまで陰になり日向（ひなた）になりして勘定所と三井の間の感情融和に尽力しておった紀伊國屋利八を、勘定所との裏面の事情説明役として同道し上京する事になったのである。

またここに一言断らねばならぬ事は、利八が稲垣等と同道で上京するに付いて、紀伊國屋利八では誠に名前が貧弱であるという考から、姓は小さな商人である紀伊國屋には元々なく、紀伊國屋利八が両替屋を始め、それが手広くなるうちに三野村を名乗るようになっていたので、姓は是れを使い、屋号の紀伊國屋はやめて、利八を利左衛門と改名し、ここに三野村利左衛門という名前が誕生した事である。

さて稲垣、永田、三野村三名は上京の上、元方に対し江戸の事情を巨細に具陳し、結局今回の御用金御貸付御用は御引請けする事の承認を得たが、本店筋としては今まで扱って来た業体と違っている上に、全然馴れない事であるから種々協議の上、これまで本店にて勤めておった外国方御用ならびに函館方横浜表金銀運送為替御用等とともに、今回の御貸付御用も元方直属とする事に決定して、新に三井御用所というものを設立する事になった。

✺三井家の前例になかった利左衛門の支配格登用人事

ここにおいて問題であるのは、新に元方直属として定めた勘定所直接関係の前記事業を営むのにいかなる人物を選任したらよろしいかという事であった。

しかるに稲垣次郎七は「現今元方の方も無人である上に、ことに今回の御用などは全く手馴れない事業であって、その上勘定所との関係が誠に難しいのである。ところが今度同道した利八事三野村利左衛門は勘定方方面の役人とは特別に懇親の間柄ではあるし、右の御用筋の事柄は万事弁えているから利左衛門を御召し抱えになるならば至極便利でもあり、気質も好く存じているからともどもに万事申し合わせて手堅く御用向を勤めたならば、少しの落度もなく完全に御奉公を全うする事が出来るであろう」と利左衛門を推薦した。よって元方一統協議の結果、このたび新に設けられた三井御用所へ出勤同所限り通勤支配格として、十月二十七日付で三野村利左衛門を起用する事になった。

由来三井家としては外より入りて、直ちに支配格に成るという如き人事は、未だかつて一回もなかった事であるが、その前例を破って利左衛門が支配格に登用されたという事は、彼の手腕の大なる事が三井家に認められておった証拠であると同時に、三井家としてもいかに今回の御用を重大視し、破天荒の新例を造ってまでも、この重任を果たさなければ申し訳けなしと決心したかという事が窺（うかが）い知られる。

第三章

銀札及び御勘定所銀札等の紙幣発行の経緯

✺三井江戸店に、御用金貸し付け取り扱いの命

慶応二（一八六六）年九月二十三日、三井八郎右衛門江戸店に対し幕府御勘定所より、明二十四日申渡しの儀があるから名代のものまかり出るようにとの御用状が到来した。よって稲垣次郎七が二十四日まかりいでた処

申し渡

三井八郎右衛門

其方には此度市中為融通御勘定所御用金取扱を申し付けるので出精して勤める事

申し渡

三井八郎右衛門名代
稲垣次郎七
齋藤専蔵
他に壱人

その方どもには御用金取扱うことを申付けたので入念に相勤べしとの申し渡しが在った。

この御用金御貸付一件の経緯については、前章に述べた通りである。

そして、この問題がこれまで進展するに至ったのは、その裏面においての紀伊國屋利八事三野村利左衛門の努力のしからしむる事を十分に認むべきであると思うが、利左衛門がいかなる理由をもってかくまでもこの問題のために尽力したかということを考えるのに、今までの幕府の恩顧に報いるためと、三井家に対し身命を賭して心配しておる稲垣次郎七の平生の知遇に感じ、幕府対三井の間の円滑を図るとともに、両者に都合よく解決せんとした意志の発露に他ならぬと解釈することが出来ると思う。

すなわちこの御貸付御用を三井に引受けさせ、我国商人の貿易資金を潤沢にする事によって外国貿易を益々盛にする事が出来れば、自然に関税の収入が増加して窮乏の極にある幕府の財政を、幾分でも救う事が出来るし、一方この御用のために三井家としては自ら運転資金を得た事になるから、塞がり金問題ならびに御預り金上納問題その他に対して、少なからざる便宜を得る事になるのである。

次に順序として御貸付手続その他の件について簡単に述べよう。

✺幕府と三井横浜御用所と京都大元方

その御貸付金の事業が具体的になったのは十二月であって、その時に発表された条目を見ると、今回の御貸付金の趣意は市中荷物潤沢融通のためという事であって、商品を引当に御貸下げになり、その期限は三ヶ月という事である。利息は百両に付一ヶ月一両の割合で、利息の他に倉敷料を要し鼠食い、湿気、濡は置主の損、盗賊、焼失は両損、ただし地面、家作、株式、古着、古道具類は一切取扱わぬ事というような事であった。

この事たるや、利左衛門が御用所限支配格という事で、公式に三井家の一員となって腕を振るべき最初の事業であったから、利左衛門としては大いに決死的努力を惜しまなかったのである。この時三井御用所の八郎右衛門名代は、稲垣次郎七、鍬形（くわがた）佐兵衛、三野村利左衛門の三人であった。

市中御貸付金は発表後早速実行したけれども、横浜表の引当荷物御貸付金は、三井としては開港当初ならびに合貸塞がり金で苦い経験を舐めた程の、盛衰のはなはだしい土地であるから、厳重な仕法を取決めた上でなければ前轍を踏む事となるので、実施が延びのびになっておった。

✺荷為替組合の嘆願書

しかし慶応三年七月に至ると、重要輸出品である生糸が出盛りになったので、横浜表生糸問屋が荷為替組合を建てて、連帯責任をもって生糸引当御貸付金の恩恵にあずかりたいという嘆願書を、三井組御用所に差し出して来たから、同月御貸付御用名代稲垣次郎七、鍬形佐兵衛、三野村利左衛門連署で、勘定所の許可を願い出た上、早速横浜御用所でこの取扱を始める事になった。

✺貸付金規則

その方法規則は大体慶応二年十二月発表のものと大差はないけれども、御貸付金は荷物を引当にして行い、その荷物は横浜に運搬されて商館と取引を済ませた上で返却する事になっており、また輸入荷物に対しても汽船より積み下した上でその荷物引当に御貸付金の恩恵に浴し、それが江戸において処分されると同時に返却する規則が出来た。このために稲垣次郎七と三野村利左衛門とは交代で江戸と横浜との間を往復して御貸付の御用の間違いなきように努力したのである。

しかしながらこの御貸付金も、世の中が不況のために利息等の収納が思わしくないので、また前回の失敗を繰り返すまいと随分苦心したという事である。のみならず横浜表の洋銀が大変不足したために、洋銀相場の変動がはなはだしくて、輸入した品物は高く輸出した品物は安くて、その上外国人は勝手に洋銀札を発行して取引を行っているために、我商人の不利益はもちろん幕府の収入の上にも大影響を及ぼす事になった。

このために慶応三年五月ならびに七月の両度、神奈川奉行は幕府御勘定所に対して、次のような銀札施行の建議書を呈出し、この難局を打開せんと試みている。

✺神奈川奉行の建議書

（次は編者の手で七段落に分けて書き直したものである）

銀札施行取計方の儀に付申上候書付

神奈川奉行

横濱表洋銀通用之儀近来墨是ドルラル（メキシコドル〔洋銀〕）持渡不申而巳ならず積込候分も不少哉ニ相聞洋銀相場格別引上り輸入之品ハ高價輸出之品は安直ニ相當り自然御國地の損失ニ相成

右者去ル子年頃に外國人方は洋銀札を以て取引いたし尤横濱御役所ニ而ハ断然相断請取不申御國商人迚も不好機ニ候得共彼方之富商とハ身代柄相劣り居候者共ニ付銀札請引可差綺程之余力無之損金見据乍居取引いたし右を強而相制候得ハ通用之道を妨候論ニ引付意外の葛藤可差起勢ひ

不得止事場合ニ付種々勘弁之上横濱地限之銀札施行仕候積りを以當表三井八郎右衛門店並同人江戸店銀座役所三ヶ所引替元ニ相立右扱引請尤御用途多之折柄ニ付御下金不申上神奈川表税銀之内を以月々御金繰次第壹万両又は貳万両宛八郎右衛門江預け基金高丈ヶ同人預手形の姿を以銀札製調いたし御普請受負人等江下ヶ渡通用爲致追々手廣ニ相成

彼我商人共銀札通用永久被行候様仕度候當五月中相伺候處金高拾万両程を限り先爲試銀札取行候積引替元之儀者税銀之内見計月々壹万両貳万両宛御下ヶ金取計引替方等之儀者八郎右衛門爲相任銀札製造方其外委細之儀者御勘定奉行同吟味役可談旨御書取を以被仰渡奉得其意候

然ル處右金高拾万両程之引替元相備置追々右札被行候ニ随ひ札數ハ元備高より超過いたし候共掛引ニ寄三増倍之融通之道相開ヶ御繰合おゐて一廉之義与相成候見込を以申上御下知も有之候儀

之處猶再考仕候得ハ政府扱ニ而銀札通用相成候而ハ必彼方苦情可差起哉之懸念不少且者御普請金を始諸御入用金下ヶ渡し而己ニ相用候而ハ御用金ニ限り候儀ニ相成手廣ニ難相成而巳ならず元金は兼而八郎右衛門に下渡置不申候而ハ難被行儀ニ付右之仕法を相止め銀札拾万両分八郎右衛門に相渡同人方ニ而右元金を備置銀札望之者にハ江戸並横濱表八郎右衛門店ニ而引替仕し候様罷成候得ハ元金御下ヶニも不及爲替手形之姿ニ而弁理ニ通用相成候故商人共相望候もの多分ニ可有之

猶外國商人共も軽弁を旨と致し候故自然銀札相好ミ取引仕候様可相成且亦御普請金を始御入用請負人共に下ヶ渡候節と者右金高八郎右衛門に相渡失丈ヶ銀札爲納右を以渡方取計候得ハ御用金も都而銀札通用ニ相成可申与右之通り取極

尤金貳拾五両金拾両金五両金拾両金壹両札与四等ニ相合け候銀札元紙は銀座より諸取引表之方江横浜改与角印押切裏之方江者方円有制と小判形印神奈川奉行ニ而押渡来ル八日より施行仕候積を以金拾万両分の札追々八郎右衛門江下ヶ渡候積り御座候且又右ニ付外國官吏共より何等問合御座候節ハ八郎右衛門取扱爲替手形ニ有之同人申立之趣承置候造ニ而英商両替屋バンク手形ニ粗同様之品ニ有之政府取扱ニ者無之趣申談候積ニ御座候右之趣御勘定奉行より同吟味役申談御一覧之爲見本札四枚相添此段申上候

七月四日

早川能登守

水野若狭守

✺三井の江戸・横浜両店のジレンマ

右の建議書によって銀札発行の趣旨は誠に明らかであって、幕府もこの神奈川奉行の意見に従い銀札を発行する事となり、早速三井八郎右衛門の名代に申し渡した。すなわち三井の江戸方より京都大元方に差出した七月十二日付の書状を見ると、七月の初めに戸部役所から申し渡す御用の筋があるから、名代のもの一名出向すべき御沙汰があった故、三野村利左衛門が罷（まか）り出た所、今般市中融通のため横浜表限りの銀札通用の儀を仰せ出される事となったが、右銀札と正金との引換え取り扱う御用を江戸、横浜両御用所において相勤むべしという申し渡しであった。

しかし容易ならぬ御用筋であるから、ひたすら御免を願ったけれども御聞済みがない。よって何分重大の御用筋であるから、京都の主人へ承諾を求める往復の日数だけの御猶予をと御願したが、これも御許しがない上に、神奈川奉行の申されるのには、この問題はかねて七月一日から発行致そうとした問題であるのが、今まで延びのびになっておったのだから絶対に猶予する訳にはゆかない。しかれども発行する銀札高、たとえば十万両発行高があれば十万両だけ引替の元金を下げ渡しになるのであるから、即刻御承諾申し上げよという事であった。

しかししばらく江戸へ帰って相談するだけの御猶予を戴いて、七月四日に夕刻帰府し、早速重役共打寄って相談した云々というような意味が記されている。

✳利左衛門苦心の画策

また七月十二日発、江戸三井元方土方治兵衛より京都三井大元方へ宛てた別便によれば、銀札引換御用の御免を余り厚かましく願う時にはほかの数多くの御用筋に差し障りが出来ては困るし、かつ当時江戸、横浜両店にての御預り金の中の七八歩通りは本店ならびに横浜店にて塞がり金となっているので、時々まとまった金高上納の命がある節は、種々やり繰りをして上納している事を内々御掛りに御含みを願っているのだから、これらの辺にまで差し響いて、万一この上大金高を一時に上納仰せ付けられるような事があっては、たちまち破産の憂き目を見る訳である。

すなわちそのようになっては大変であるという第一の懸念、気後れのために強い事を申し立てる訳にも行かないのであって、実に心外千万嘆げかわしき次第であるというような意味が書かれてあるが、これは表面上の事であって、内実においては余程意味合いが違っているのである。

すなわち銀札発行の件は、神奈川奉行の意志によって三井に決定的命令が下ったように解釈されるけれども、五月の第一回の神奈川奉行よりの銀札発行建議書によれば、明らかに利左衛門は神奈川奉行が建議書を勘定奉行に出す前において、銀札発行の件に付き神奈川奉行から相談を受けており、決して六月下旬から七月初めの間において利左衛門が戸部役所に呼び出されて、銀札御引換御用の申し渡しを受けたのが最初ではないのだけれども、利左衛門としてはこの時初めて御伺いをしたような態度をとって報告したものである。

これというのも御貸付金御用の問題のところで述べたように、利左衛門は御貸付金御用によって江戸、横浜における三井の苦境を幾分でも救わんとしたけれども、なかなかそれだけでは思うように目的を達する事が出来ないという事を感じたところに、たまたま外国商人が洋銀札によって取引しているのを観察すると同時に、神奈川奉行も銀札発行の有利なる事を感じているという事を知り、進んでこの実現のためにひそかに画策し、完全に膳立てを調べた上で、神奈川奉行の二度の建議となり、同時に戸部役所よりの呼出しとなったのである。

この問題においても利左衛門は、順調に行けば発行高の三倍に活用する事が出来るという銀札発行御用を御引き受けすれば、必ず三井としては融通がつくばかりでなく、財政難の幕府にとっても非常な利益になるという風に、実に公平なる考えから独断をもって事を運び、充分に準備の調った処で神奈川奉行をして表面上の事実とせしめ、一般に対しては七月初旬戸部役所において初めて銀札発行の計画を承知したという事になっている訳である。

かくの如き事情で、利左衛門は最初から銀札発行に携っておりながら、何やかやとの理由を付して京都大元方の裁許を経る時日を作らずに、事後承諾的の手段を大元方に対して採ったという事は、一寸考えると不都合のようであるが、当時の江戸、横浜両店の内状ならびに立場については、大元方に対して報告の出来ないような深い事情が横たわっておったのであるから、御貸付御用にしろ、銀札発行御用にしろ、事前において大元方の裁許を得るという事は、ただ問題を面倒にするということになって、実行は到底不可能であるという事を承知しておったから、止むを得ず大元方に対しては事後承諾的の策をめぐらしたのである。

これ全く彼が、三井の江戸、横浜両店を復活せしむるか、破滅せしむるかという事は、一にかかって今回の御用の成功不成功の上にあり、という考えの下に最後の手段を講じた訳である。

この銀札御用は横浜表御貸付御用と同時に同年八月四日正式の申し渡しがあり、翌五日横浜市中に御触れ出しになった。その御触れには、今回の銀札発行は三井八郎右衛門からの願出によって発行を評したものであるというような意味合いになっておったので、三井元方においては、直ちに利左衛門を通じて神奈川奉行に対し約束違反の抗議を提出せしめたが、これに対しては奉行よりその止むを得ざる事の種々なる了解的説明があったという事になっている。

しかし銀札発行の計画があった当初において勘定方ならびに神奈川奉行役所にては、明らかに幕府の名義では対外関係の上に都合が悪いから、三井八郎右衛門の私の事業という名目になっておったぐらい故、利左衛門がこれを知らなかったはずが無い。それを彼一己の胸中に秘めておったという事も、また彼の苦心の存する所であろうと思う。

✺勘定所銀札の種類

当時発行する事になった銀札は一両、五両、十両、二十五両の四種で合計十万両の予定であったが、最初は二万両を発行する事に決定した。この銀札の用紙は江戸御勘定所において特に漉(す)き立てた厚紙で、江戸銀座にて製造したものである（雛形は72、73頁）。

すなわち表面は雷紋で輪郭を施し、四隅に慶応三年、中央に金額たとえば五両（5liu）と記し、その金額の上部に銀座の丸印、その下部少し離して江戸、横浜御用所取扱とある御用所の印を捺し、銀座印の上には横浜改とある戸部役所の割印、右側の割印は江戸引換元とある江戸御用所印、左側の割印は横浜引換元とある横浜御用所印である。

裏面は中央に江戸銀座とある角印があって、その上部に方円有制とある戸部役所印があり、下部には銀座役人衆三人の印またその下に三井八郎右衛門名代三人の印があって、向って右から稲垣次郎七、鍬形佐兵衛、三野村利左衛門の順に捺印されている。また左側下方の「常是」という割印は銀座の調印であるが、左側上方の萌黄の割印は如何なる印であるか明らかでない。

次にその左側上方に(曽)(佐)(敬)[甚左]などの黒印が捺されてあるが、それは(曽)は一両札、(佐)は五両札、(敬)は十両札、[甚左]は二十五両札の符丁であって、その下の墨書きは各札の番号で共に御用所で認める事になっている。

右側の円形、または方形の小印は、この銀札が現金と引換えられた回数をあらわすために捺されたもので、円形は江戸御用所において引換えられた印、方形は横浜御用所で扱われた印であって、中の文字は一より十までの符丁で多(タ)見(ミ)納(ノ)嘉(カ)眞(マ)士(ド)和(ワ)仁(ニ)義(ギ)會(アフ)（一二三四五六七八九十）の順序で捺したものであるが、十回まで引き換えて十一回目の時には、また多から始める例である。

銀札発行は前にも述べた通り火急の事であったから、八月八日より通用が始まった時には、二万両だけ発行し、追い追い御摺増しという事であった。ところが横浜で発行した銀札の中、二日後の十日には早くも江戸御用所へ十両札百枚の引き換えに来た事実がある。

しからば引換元の正金はどうしたかというに、最初御発行の銀札高と同類の現金を御渡しになるという約束であったけれども、その当初の幕府勘定所の逼迫は、その極に達しておった際であるので実現する事が出来ず、横浜運上所に入る税金の一部と三井の立替金とで支払っておったようである。

✺プロシャ公使の照会状

ところがここに銀札に対する一事件が突発した。それは一八六七年十一月八日、すなわち慶応三年十月十四日横浜在住プロシャ公使ホンブラントから、時の外国奉行小笠原壱岐守に対して次のような照会状が来た。

一八六七年第十一月八日江戸において江戸に在る第一等執政兼外国事務執政小笠原壱岐守閣下に呈す。

横浜に在る政府の為替所三井ある時以来紙幣を出し与へり、プロシャ商人は政府為替所の主人右紙幣を受け戻すに堪えるや否やを知らざるをもってこれを受取る事を嫌へり、故に下に姓名を記するセイネマーイエス　テイト　プロシャ王のシャルグダブヘールス謹んで第一等執政兼外国事務執政小笠原壱岐守閣下に右紙幣を出すは町人の目論見なるやあるいは、大君の政府右の紙幣を銀に引き換える事を引き請るや、彼に知らしめ給わん事を請う　恐惶敬白

プロシャ王シャルグダブヘールス・ホンブラント手記

これを受け取った外国奉行は十月十六日直ちに、勘定奉行ならびに神奈川奉行に対して右の訳文を添えて銀札発行の詳細な解答を促した。よって、勘定奉行は直ちに、この件は三井八郎右衛門願の趣をもって差し許したものであり、その紙幣の紙は銀座から渡したものであるけれども、引き換え方等はすべて八郎右衛門が引き受け取り扱っているのである。しかし詳細は神奈川奉行へ御問い合わせを願いたいという意味を返答した。

また神奈川奉行からは十月二十五日に、銀札通用の儀は先般三井八郎右衛門の店からの願い出でで、江戸、横浜為替等のために用いたき旨につき、その段を勘定所に申し出での上、右江戸、横浜だけの引き換え通用になってはいるけれども、この程丹波守殿へ伺書を差し出して置いた次第で、御国内に対し多少の意味合もある事であるから、外国人への御返簡は別紙書面の意味をもっ

て御返達願いたいと、次の草案を付して外国奉行に対し返答をしている。

横浜にある両替屋三井八郎右衛門紙幣を差し出せしに貴国商人右を受取る事を嫌いし旨、ならびに紙幣は町人の目論見なるや、政府において右紙幣を銀に引き換える事を引き受けるや承知致されたき旨申し越されたる趣、承知せり。右三井八郎右衛門は一個の大商にして、傍ら政府金銀の用を達するものなれば政府の為替所にはこれなし、紙幣の儀は三井において用ゆる品にて江戸、横浜為替の都合を計り、製し出せしものにして、同店へ差し出し候えば銀と引き換える事妨げなしといえども、政府にては右引き換えを引き受ける事は成し難きなり、もちろん関税などの支払で外国人より右紙幣を差し出すことは差し支えなく、この方にて収納するを拒まざるべし。もちろん横浜、江戸との通用なればその他には用いざるなり、右の事情を貴国商人へ申し渡さるるよう致したし、かつ右は政府にて施行せしことにはなく、紙幣取行たき旨、三井の願い出ずるにより、神奈川奉行にて承った事である。

よって幕府外国奉行はこの神奈川奉行の申し出を基礎として、プロシャ公使に対し、十一月十三日小笠原壱岐守の名儀をもって回答を発し、この問題は解決した。

✴利左衛門、三井の利益も苦心の追求

右のごとく幕府方では銀札発行の一切の責任を三井に負わせて、その間において収入を得ようとしたのであるし、また利左衛門はその裏を抜けて三井家のために利益を獲得せんとして、大いに銀札の運転に力を尽くしたもので、現に十数回も循環した銀札の残っているのを見ても、その苦心の程が察せられると思う。

次にその銀札の雛形を挙げておこう。

表

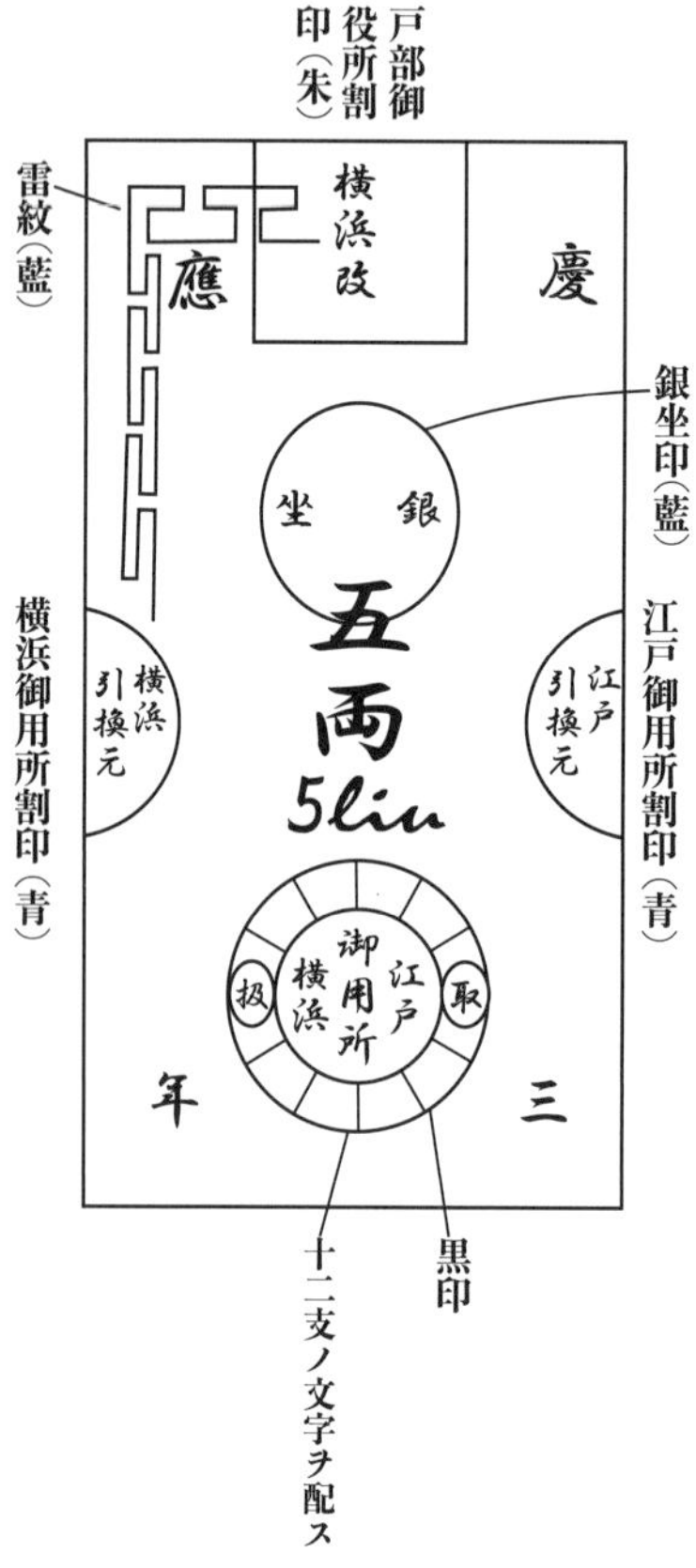

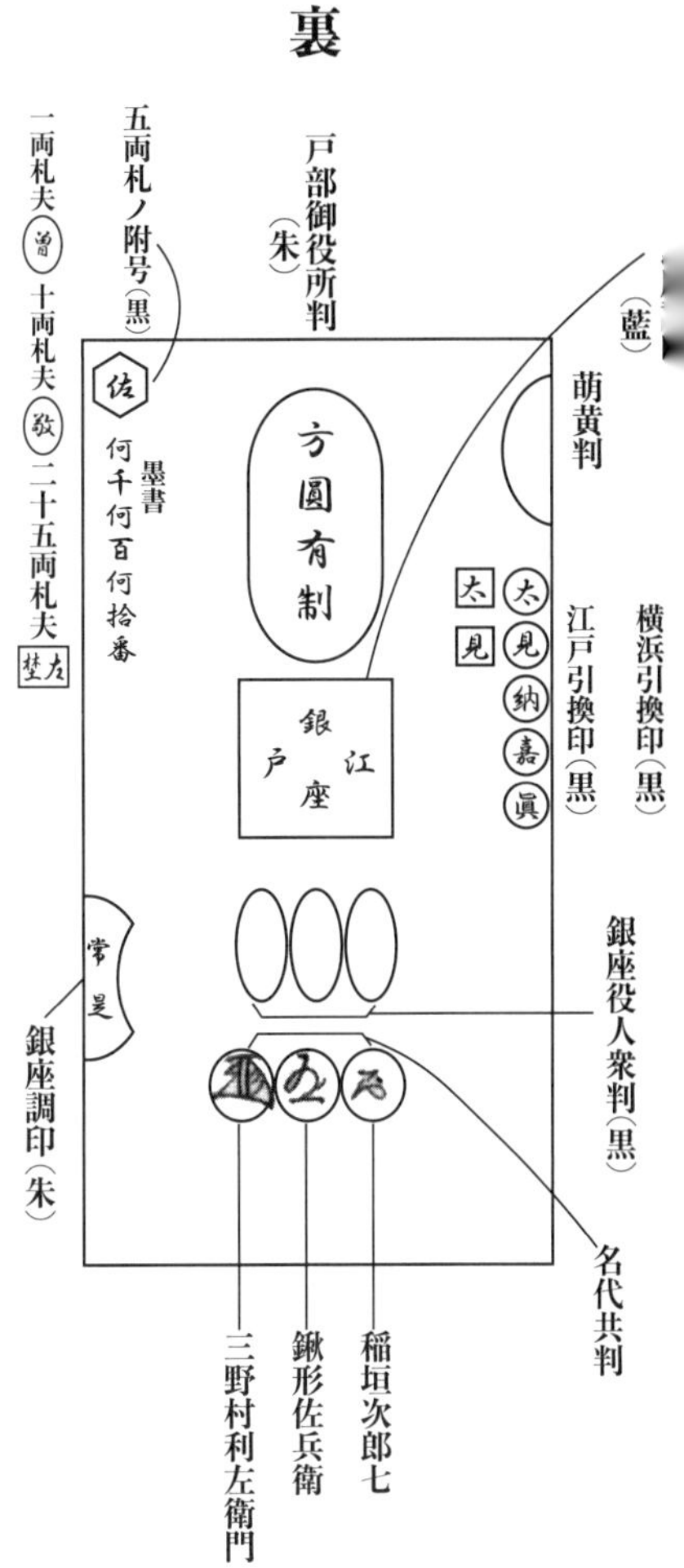

✺御勘定所札について

次に御用所札を前後して発行されて、在来世間にて御用所札と混同されている御勘定所札について、簡単に述べておきたいと思う。

幕府は、普通の御用金はあらゆる手段をもって取り立て尽してあり、その上三井八郎右衛門をして横浜を中心として御貸付金ならびに銀札を発行せしめて融通を計らんとしたけれども、これとても長期に渡って施行してこそ初めて追々に収入の道が開けるものであって、短期においては充分なる成績を挙げ得ることは、全く不可能なものなのである。それ故にこの御貸付金または銀札発行を企てたその時は、十五代将軍慶喜公は上京中であって一方ならぬ費用を要する際であったが、勘定所においてはこの費用捻出の道が失われ、如何とも取るべき方法がなかったのである。お貸し付け金当初の目的は、短時日には到底達せられないということになったので、幕府はさらに勘定所直接に銀札発行の上、別途の収入を計画したが、これがいわゆる勘定所札で、換言すれば御用金に対する引当手形に等しきものである。

すなわち九月二日、江戸における十人組両替屋のうち中井新右衛門、竹原文右衛門、村田七右衛門、井筒屋善次郎、石川庄次郎の五人を銀座御役所に呼び出して、今回発行する銀札見本を一枚づつ与えて、銀札発行引き換え御用を引き受けさせたが、この方は切賃（手数料）を取っても差支えなしという条件を付けてあった。

その趣意方法は、御用金を差出した者共へ御用金高に応じて銀札を渡すと同時に、この銀札はきたる巳（一八六九）年三月まですべて通用金銀同様と見なし、年貢ならびに諸公納に用いて差し支えないから、御府内ならびに関東在方共、差し支えなく通用すべし、もっとも一時の融通のための通用であるから、心得違いをしないようにすべきであって、引き換えの儀はきたる巳年三月から三井八郎右衛門方で正金銀に引き換えて渡す、ただし引き換えに付ては歩合減など一切ないというような意味の町触れを出したことによって、その内容を大体察する事が出来ようと思う。

この銀札の種類は二十五両、五十両、百両、二百両の四種で、銘々へ金高二千両程御下げ渡しになるという事であったが、中井以下の両替屋が打寄り相談の結果、今回の銀札は正金銀取交ぜ通用仰せ出され、もっとも正金銀に引き換えの儀は来る巳年三月から三井八郎右衛門方で御引き換えになるという事は御触面で承知した。

しかし今右銀札を御下げ渡しになって正金銀を上納仰せつけられても、いまだ銀札の望み手もない折柄であるから、銀札御下げ渡しの上正金銀上納の儀は御免を願いたいと、十一月二十五日付で嘆願した処が、二十七日銀座役所に一同を御呼出しの上、一昨日二千両と申し出したけれども千両宛でも差し支えないから受け取って欲しい。もっとも代り金の上納は即時に出来なければ三十日程猶予しても宜いから、この際は年来の御奉公と思って是非引き受けて貰いたいという申し渡しがあった

これで両替屋は引き受ける事になったが、本両替屋仲間は評議の結果、次のような意味合いの銀札取扱方の申し合わせを作った。

一、銀座から本両替屋仲間へ一軒金札三千両宛御下げを願って、その中二千両だけをすぐさま住吉町の三井御用所へ持参し、正金と引換銘々預り置く事

一、諸方から金札を引換に来た時には右の元手金をもって速に引替てつかわし、その元手よりも引替高が多くなっても千両位迄は手金をもって引き換え、住吉町御用所へ持参して正金に引替えた上、再びその金札を仲間に分配の事

一、金札を銀座から受け取ったならばすぐに御用所へ持参、改め印を取る事、ただし諸方より
　持参の札に改印なきものは引換えざる事

右の申合せによって、十二月に次のような御請書を御勘定所に対して差し出した。

御　請

一、此度金札通用被仰出候付右取扱私共一同、御内慮被仰付承知奉畏候而る上は一同申合せ被
　行方舟誠仕り追々正金ニ引換銀座御役所まで差上金札御下渡相願上様可仕候事
　金札通用方ニ付彼是故障ヶ間敷儀申出候者有之候ハ、町奉行所へ罷出御直ニ委細申上候様
　可仕旨被仰渡承知奉畏候自然右禄之者有之候ハ、早速御貸付御用所へ申出同處名代役同道
　町御奉行所に罷出候様可仕候事
右之通被仰私共一同承知奉畏候依之御請書奉差上候處依如件
　慶応三卯十二月

十人組名代　行岡　庄兵衛
三井組名代　永田　甚七
御勘定所御貸付御用所取扱人　三野村利左衛門

御勘定所

かくのごとくしてこの勘定所札の発行は、最初の勘定所の理想目的を全く骨抜きにしてしまったが、それでもいくぶん、義務で引き受け者があったようで、総体合して慶応四（一八六八）年二月までにわずかに七千両ばかりである。要するにこの勘定所銀札はその目的を達する事が出来ず、また流通するに至らずして明治維新となり、遂に消滅したのである。

その雛形を次に参考として載せて置こう。

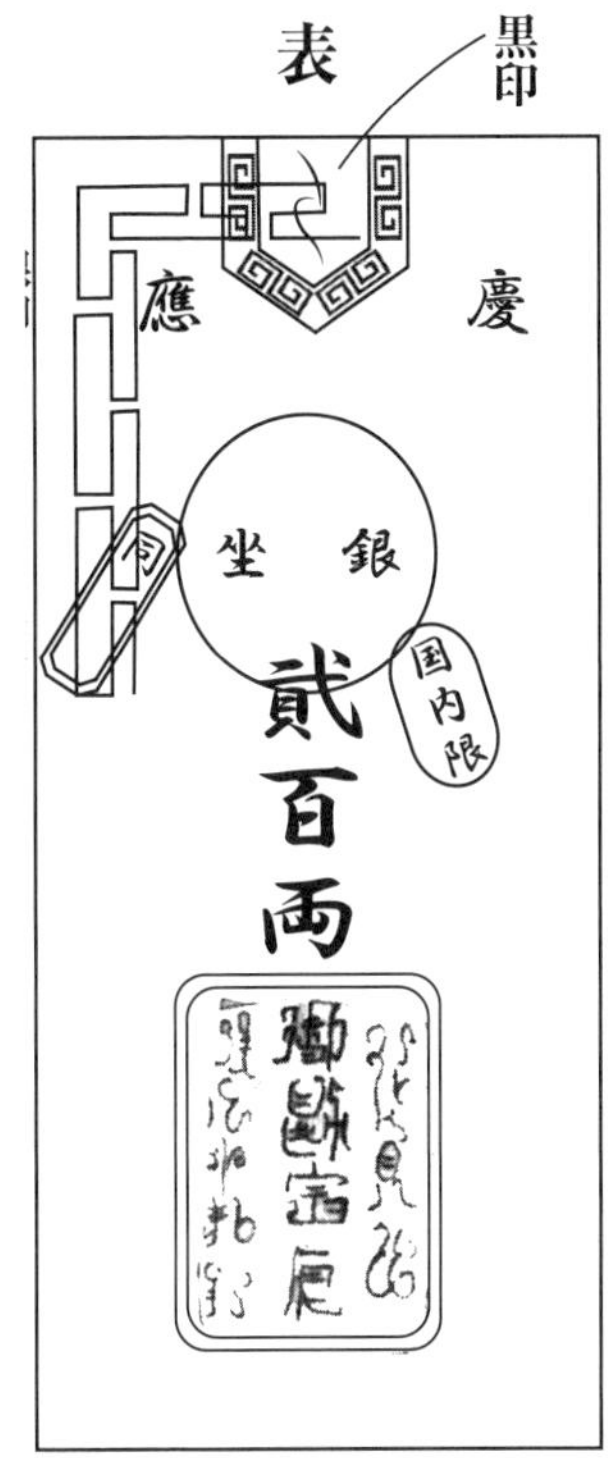

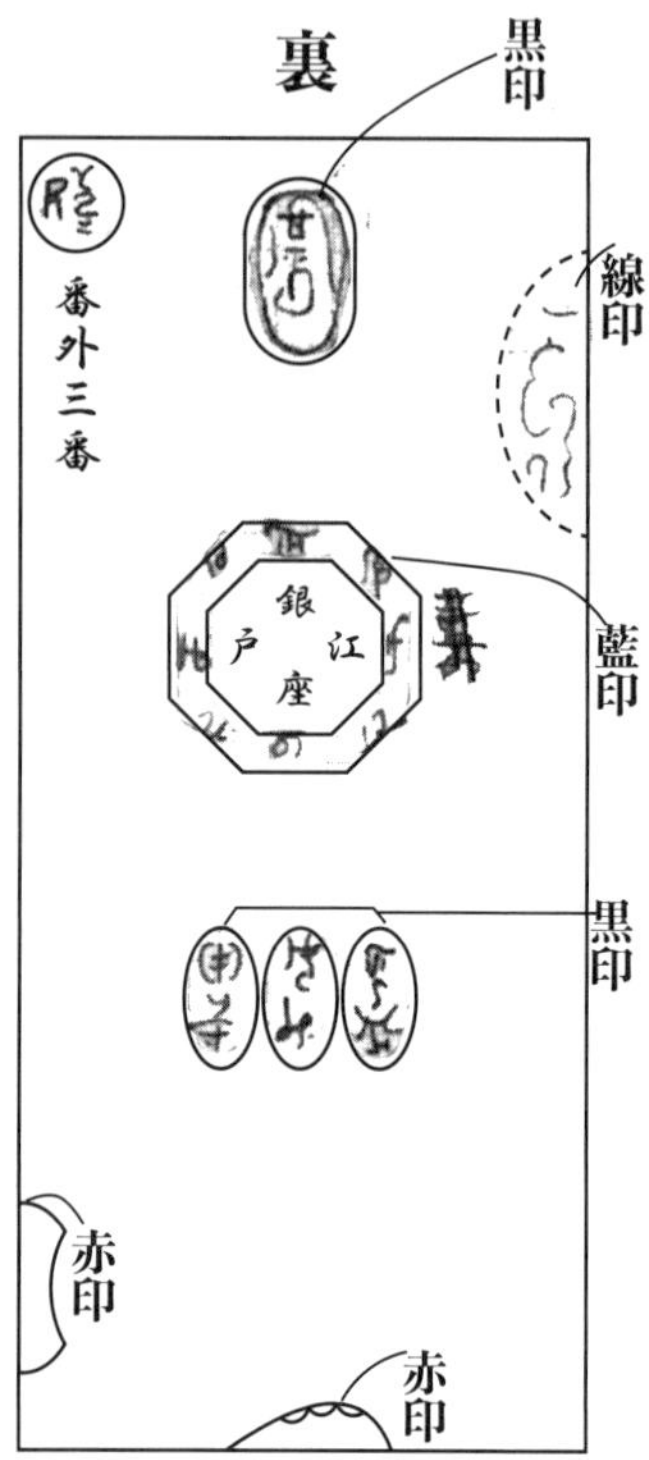

横浜御用所札の次に、御勘定所銀札について簡単に述べたが、今一つ江戸、横浜御貸付金ならびに御用所札発行の一件と切り離す事の出来ない関係をもっており、特に御勘定所銀札とは同性質の兵庫札を発行した、兵庫商社問題を簡単に述べて参照にしたいと思う。

✺兵庫商社問題

慶応三（一八六七）年五月、兵庫開港という事になったが、以前に開港した長崎においても、また横浜においても、幕府は常に充分の利益を得る事が出来なかったのであるから、兵庫の開港については、前二者の経験に基づいて万全の策を建てなくてはならぬという意見の下に、開港前において江戸より要路の大官が続々と兵庫へ向った。その大官の中の塚原但馬守、小栗上野介、服部筑前守、星野豊後守等は、深くこの問題に対して研究を積んだ上、四月ならびに六月の二度に幕府に対して建議書を提出した。すなわち、その大略を述べれば次のような事である。

幕府要職者の建議書

今度兵庫港を開くについては、これまでの長崎、横浜両港の仕来りでは再び損失を被る事になる。これ全く商人組合の法がないためであって、薄元手の商人共が一己一己の利益のみを考えて、大資本の外国商人と貿易をするというのは第一の間違いである。また兵庫に居留地の設定をしなくてはならぬ。その他、道路工事その他で約九十万両程は掛かる。しかしそれは、居留地を貸し渡せばその入費は出てくる訳である。しかれども近来幕府の財政は多端であって、とうてい右のごとき大金は出す事は出来ない。それには開港のために商社を取建るという事が、幕府のためにも、また貿易のためにも利益がある事だろうと思う。その商社を建てる方法としては、大阪の町人共の中から身分のあるもの二十人程を選んで、兵庫開港場交易商人頭取を申し渡し、その組合に貿易の諸商売を致させて、元厚手の外国人と競争させる事、しからざれば横浜表商人のごとくに、今日わずかに千金の利益を得ても、明日は直ちに一万金の損失を来たすというような事になる。これ全く商人が組合を作らないで、一己一己にて己れの利益のみを考えてやるためで、このような事が永く続けば、遂には外国商人のために実権を握られてしまう事になるから、どうしても外国貿易の商社（コンパニー）の法に基づかなくては、とても盛大の貿易をしたり、御国の利益にはならない。これに要する百万両の御用金は幕府としては差し繰りが出来ないが、早六月下旬から準備を始めなければ開港までに間に合わぬ事となる。それ故、それに要するこの莫大の入用は商社頭取連に出金致させ、追々と埋め合わせてやろうと思う。しかしながら大阪の商人共は、これまで再々上納金を致しているし、只々御用の申し渡しのみでは、利益をもって生業(なりわい)とする商人共は、どのような引当手形を渡しても、御受け申し上げるような事はないであろうから、今回の兵庫港諸式御入用金の廉(れん)をもって、百万両の金札を右町人二十人程の者共から発行させたなら、町人共は自分達の利益になる事だから御受け申すであろう。もし不安に思う商人があったならば、商人のそれ等の中から御用達を命じて税金取立役所に出張させ、取立の税金を立会の上御預けになったならば、日に月に元金入りとなるから心配しないであろう。只今横浜表の税金は一年九百万両であるから、その三分の一としても三年経れば皆済する事となるであろう。頭取町人共に差し許す金札の種類は、一両札十万枚、十両札一万枚、五十両札二千枚、百両札七千枚という風にして、金銀同様通用致すべき旨を御触れ出しになり、公儀にて入用金あるとき、たとえば開港御普請ならびに諸色入用払方の節、金札なり正金なりを町人共から差し出させて払い出しになり、それに対しては幾分の利分を付けて与える事。金札を正金に引き換える方法は、商社会所ならびに商社頭取その他、御用達共方において、勝手次第引き換うべき事。

右のような建議書が主体となり、これに準じて開港準備が着々と進捗すると共に、主として大阪大商人を糾合して兵庫商社が設立される事となった。

✺兵庫商社頭取の内命に対する京都三井の免除願

京都における三井家に対しても、この兵庫商社頭取の内命が八月八日に下った。

これに対して京都大元方においては、極力免除の運動を起こして、あるいは御勘定方の旅館を他用にかこつけて訪問し、あるいは北野天満宮、道明寺天満宮等に一七日の祈願をこめたり、実にその苦心は並大抵ではなかったようである。結局この問題を解決するには江戸より三野村利左衛門を迎えて、彼と勘定方との縁故を辿り解決するより他に方法は無いという事になって、利左衛門が京都へ呼び出されることになった。

利左衛門は京都大元方に出頭して種々今までの経緯を聴取した処、大元方の意見としては、商社頭取の免除を願う代わりとして、京都市中御貸付金御用の命を受けたいという意志であったが、これは現在の幕府の財政状態としては到底不可能であるし、また御貸付御用が実現するにしても、この御用一件のみでは決して幕府方は商社頭取の交換条件とはしないであろう、と彼は意見を述べた上、何かと勘定方に対し内面的な交渉を始めたのであるが、結局三井八郎右衛門は商社頭取を免除された代わりとして、兵庫開港税銀取立総頭取という名義で許す事に勘定方の意向はまとまった。けれども、大元方重役連の努力と利左衛門の内面的の尽力によるものであったが、この事も実現までに至らないで時勢一変し、王政復古となってしまった。

こうして兵庫商社において発行する事になっておった兵庫札は、わずかに融通したのみで、時局の変遷とともにうやむやの中に葬られてしまったのであるが、この兵庫札通用の方法は、御勘定所札と全く同一であった。

以上のごとくこの章は横浜表御貸付御用ならびに銀札発行始末よりひいて、江戸勘定所札の発行ならびに兵庫商社問題にまで及ぶ事になって、非常に複雑化したけれども、この三者は三野村利左衛門という人物の内面的に一番活動した事件なのであり、いかなる事があっても分離して考える事は出来ない問題である。

なおまた、この問題の裏には幾多の不可解な事実が潜んでいるのである。

第四章

江戸三井御用所の危機と利左衛門

幕府倒壊――新政府始動期

✺増大する塞がり金と御預り金の引揚げ

慶応三（一八六七）年中頃に至れば、幕府の用途は多端で、はなはだ逼迫しておったので、三井に対する御預り金等は一向無く、たまたま金高の御預りがあったかと思えば、何れも利息付で貸付元金へ差し加えてしまう有様で、それ故三井方としてもこの内から上納に繰り廻す時は、たちまち利息金を持出す事となり、前々からの御預りの大金は帳面の上ばかりに在って、ことごとく横浜方面の塞がり金となっている始末である。けれどもこの事等は幕府方に対してはおくびにも出す事は出来ないから、内証にて苦しみながら、立派に御預りしてあるような姿で繰り回して行くために、その時々の御勘定所役人衆の気合もいかがかと、それればかり支配人一同気兼ねをして心配している有様であった。

何しろ御貸付元金と御預り金の両者で十七万両余幕府の金を預っているのに、横浜表の塞がり金が十万両余もあって預り金の大部分はその方へ繰り回してあるという有様であるために、これが解決策を廻らすに、一方ならぬ苦心を要する事は明らかである。すなわち塞がり金となっている御預り金に対しては、二万両は京都元方の厚意によって埋め合わせる事が出来たけれども、後の御預り金の上納を仰せ付かった時には、御貸付金を貸借関係をもって一時融通して、その利息を支払う事に横浜表の帳合向を改めて置いた。しかし急場に上納が行き届かなかった節は、江戸御用所から送金を受けて差し支えないように御用を勤めて来たところが、王政、維新の結果は御預り金全部の上納を仰せ付けられた。それ故横浜表の分は御用所から九万両繰り替え上納したけれども、御貸付元金は残らず貸し付けてあるという理由の下に、三万両をまず納め、残金は年賦上納という事に決着したのである。

何しろ当時は、津々浦々に至るまで生臭い風が吹き荒んでいる際であったから、引当貸付金があっても市中どこへ行っても融通せず、受荷の始末ははかばかしくなくて、中には相場が下落して格外の損毛が出来、大変難渋しているものが多かった。とはいえ三井では精々厳しく商売の駆引きをしているから、追々入金の受荷があるべきと思っているけれども、何分収金が思うように行かず、また横浜表としても事の外の不景気で、商品の売買は皆無同様故に、税銀の収入また皆無となり、融通が差し支えて店々当惑しておった。ところが勘定所からは今般全ての制度が変更されるようになって、金融が逼迫し融通が付かないから御貸付金を始め冥加金ならびに預金等、一切を一時返済するようにとの申し渡しであった。

しかしながら前にも述べた通り、御貸付金は重ね重ね横浜へ繰り替えてあるので、先日勘定所から御貸付金の事で遊び金の分があったならば、上納すべきよう仰せ付けられた際にも、御貸付金は残らず貸出して遊び金は少しも無いと言い訳をした位である。ここにおいて三井方として心配な事は、今回仰せ出された上納金の事を余り強く言い訳等をして、万一帳簿の検分でも始められたならば、たちまち遣り繰り一件が露見して、実に万事休すに立ち至るという事であった。

✺利左衛門の奔走

このような情勢であったから、利左衛門は一所懸命諸方を駆け回っておったけれども、御預り金ならびに御差し加え金等が都合よく行き届けば幸いの事であるが、一口でも差し支えた時には信用が失墜するし、内々彼がその筋に対して了解を求めておった事とても表向となる時は、たちまち閉店という最後の問題に逢着しなければならぬ事となる。また上納問題ばかりでなく朝幕両軍からの軍資金の徹収がはなはだしくて、夜を日に継いでの心配も追い付かず、各責任者はもちろん、別して三野村利左衛門は幕府方に対する御用向の責任者であった関係上、一方ならず頭を悩まし、あらゆる手段を尽くして朝に夕に奔走を続けておったのである。

その一例としては、慶応四（一八六八）年三月初め、横浜御用所から御預り金の内金二万両、洋銀二万ドルを急に江戸表へ差し立てるようにとの内命があった時、差し当たり横浜店には現金が無かったので、一策を案じて御役方の間に了解を求めて為替に取組んで役方に御渡した所、右の預りの手形が意外にも戸部役所から間もなく神奈川奉行へ回り、翌日までに現金を上納しろという御達しが出てしまった。

しかれどもこの事たるや思いも及ばぬ事であり、かつまた横浜表は前にも述べた通り少しの遊び金も無く、全て塞がり金となっているので、これが処置に窮して早速利左衛門が出浜の上全力を尽して了解に努めたけれども、幕府方としても大権の保有が今日か明日かという場合に立至っておったのであるから、利左衛門がいかに縁故関係を辿ってみても、今までのようには目的を達する事が出来ないで、止むを得ず江戸御用所から遊び金になっている御預り金を差し送る事とした。しかしこれでも解決が付かず、益々事が面倒になって来たので、拠ん所なく両替店から十万両を繰り替えて差し送り、ようやくの事であらかた上納する事が出来た。

なおその後の残金三万両は幕府方が関東を引き払う節、間違なく軍艦へ積込む事にするから、それまで猶予してもらうという条件の下に解決したようであったけれども、また間もなくこれが上納を命ぜられ、元方に於てはいかにしてよいかという事に迷ってしまったという事がある。

ここに一言申したいのは、三井と幕府との間に色々面倒な問題が起った時には、これまで主として利左衛門が有利に解決しておったので、当時に至っても元方においては、幕府との問題は全て利左衛門を交渉の任に当てれば万事解決するものと過信してしまっておったから、周囲はもちろん内実においても非常なる変化を来たしている幕府方との交渉の責任をも、彼が負担せねばならぬ始末となってしまっておったために、その時の彼の苦心というものは、到底想像も及ばぬ程であったろうと思われる。

✺江戸市中取締役は庄内藩主

慶応四年四月頃における江戸市中取締役は、出羽庄内藩主酒井左衛門尉忠徳であった。何しろ当時の江戸市中は上野には彰義隊が籠っている上に諸藩の脱走者等が日に日に集まり、また官軍と称する部隊は続々市中へ入り込んで来たという江戸最後の土壇場の時期であったから、この江戸最後の市中取締の大役を仰せつかっておった庄内藩の責任の重大な事はもちろん、このような市中の情勢であったので事故は続出すると共に、この処分に要する費用もまた少なからざるものであった。このために裕福をもって知られておった庄内藩も遂には財政上の窮乏を来たし、その大任を果たすために止むを得ず、江戸市中大町人に対し用立て金の依頼があった。

三井に対しては特別の取扱を以て御留守居衆が来店の上、御用金の御懇談があったので、重役共は御留守居衆に対し現在の三井の苦境を御話して嘆願したけれども、なかなか二千両位では解決が覚束ない事情であった。しかるに偶然にも、当時の庄内藩の江戸詰め重役であった榊原隼人は三野村利左衛門の従兄弟千恵の夫であり、同じく重役安藤定右衛門武吉（よし）は利左衛門の叔母の孫である上に、榊原隼人の娘お村の夫であったという奇縁から、利左衛門がこれら親戚関係を有する庄内藩の重役達と懇談の結果、庄内藩及び三井家両者の立場を考慮して金一千両を御用立する事によって、この問題は万事解決する事が出来た。

次に上野山内に屯集しておった彰義隊の強談について述べようと思うが、これが説明を試みるためには、彰義隊の構成について簡単に述べなくてはならぬと思う。

✺彰義隊、上野に屯集

慶応四年正月、十五代将軍徳川慶喜公は鳥羽・伏見の戦に敗れて江戸に帰った処、幕臣の中には、薩長の二藩は御幼少の天皇を擁して私を謀るものであるから、これを滅ぼすべしという主戦論を唱えるものが多かった。

しかし慶喜公は錦旗に抗する事は望ましくないとて、その説を用いなかったために、止むを得ず過激主戦の幕臣十四人が四谷円通寺に会合し、しからば慶喜公に対する朝敵の汚名をそそぎ、かつ徳川の名跡を継承させていただきたいと、朝廷に哀訴せん事を謀り、次いで二月にはこれら幕臣は円通寺から浅草本願寺に移り屯するようになってから、これが同志として参加するものが追々と多くなり、たちまち五百人余に達した。よって隊を編して彰義隊と名づけた。

時に慶喜公追討の官軍が下ってきて江戸に到着したから、慶喜公は直ちに江戸城を出でて上野東叡山中の大慈院に屏居して恭順の意を表わした処、本願寺に屯しておった彰義隊もまた慶喜公を慕って上野山内に移り、諸坊をもって屯営になし、かつ新たに池田大隅守、渋沢誠一郎等を隊長としてその下に準隊長頭取、および会計、記録、器械の三掛を設け、総勢一千五百人を超えるに至った。その後間もなく、幕府直参もしくは脱藩の藩士と称する者をもって編成されているという遊撃、歩兵、猶興、純忠、精忠、貫義、旭、臥竜、神木、松石、馬勝、万字、浩気、白虎、水心の十五隊一千五百人が、来属した。

こうして最初から慶喜公と行動をともにしておった彰義隊は、彼等のその責務に忠実であって将軍家の名誉体面という事以外には、何物も彼等の頭にはなかったのである。けれども後から参加した所の十五隊一千五百人というものは、いわば烏合の衆に近いもので、浮浪の徒も多くあったために、追々と時局が切迫するに従って、これら烏合の衆の浮浪の徒は、随所に町家を脅かして強奪に等しき振る舞いをするものが多かったのである。

✺彰義隊による献金強要の強談

これら彰義隊の不良分子は江戸における大三井を目こぼしにするはずはなく、彼等の第一の目標となって閏(うるう)四月中の夜中、にわかに住吉町三井御用所へ彰義隊と称するものが乗馬で数名乗り付け、本隊で至急に入用が出来たけれども、他の町人共から借入れては隊の名聞が立ちにくいから、三井において明日昼頃までに一万両調達の上、山内宿坊へ持参して欲しいと強談された。それ故取りあえず詰合の者から色々と断ったけれども聞き容れず、よって次に重役共は一人残らず宿へ引取っているから、いずれ明朝まで猶予してくれるよう申し入れた。

しかしこれとてもまた承知せず、早く重役共の家へ使を差し立て呼び寄せろ、それまではここに控えていると申し張ったので、是非なく重役共へ通知を致し、別宅に打ち寄って評議を重ねた。その結果、何分にもこのような次第では全然拒絶するという訳にも行かないから、明日昼頃までに多少なりとも精々差し繰って持参する事にして、ひとまず隊士共を帰そうと詳議が決まり、その由を通じたけれども、強て同道するとて引き取らなかった。

よって翌朝早くから、利左衛門を初め重役共が各々その要路へ手続を求めて奔走した処、運よくも彰義隊の頭立った者の中に今まで取引しておった勘定方の役人がおったので、幸いなりと昨夜からの始末を申し述べて嘆願致した処、図らずも今回の強談は、隊長初め頭立ったものは申し付けた覚えは絶対にないから、早速隊長へこの由を通じて心配のないように取り計って遣わそうとて、直様(じきさま)馬上で上野へ駈け付け、色々手はずをしてくれる事が出来た。

かくして居る間にも、住吉町の御用所へは隊長の方から手はずを回せない中に追々と強談の群が馬上で乗り付け、刻限が延びては非常に差し支えると厳しく談じ付けられたので、やむを得ず金一千両を利左衛門初め多人数付き添いの上警護しながら、上野山下の出入の水茶屋まで運搬した処、幸いにも上野へ駈け付けてくれた頭立った隊士が水茶屋まで立寄って、右の金子は彰義隊の方では必要がないから、安心して早く帰店して差し支えないという沙汰を受けたので、ようやく安堵してそのまま金子を持ち帰った。

その後支配人が御礼のために上野へ罷出た所、この度の儀は頭以下の計いで金談を申し掛けたのであって、誠に迷惑の事であったであろう。しかし今、上野方でその金を納めたとて別に差し向き入用はないのである。もし今後一大事の場合が起ったならば、上野執当衆にて引き受け、隊長初め役掛りの者一同連印の上借用する事があるかも知れないが、その節はきっと徳川氏の御為めにもなる事であるから、充分尽力を頼むという事であった。

果して江戸における朝幕関係の益々悪化して来た五月四日に、上野執当覚王院名代として玉泉院と申す僧侶が両替店を訪問し、覚王院の口上をもって申すのに、彰義隊が御門主輪王寺宮御守衛筋で急場の入用があるので、拙僧が種々金策の上、隊へ回したけれども中々不足勝ちで困っている。その理由は、上野の彰義隊に属する人数が追々に増加するし、かつ武器の購入代等も滞っているという始末からで、誠に難渋している。それ故上野執当方で仔細は引き受けて、証文には覚王院初め隊長が連印するから、金一万両借用したく折り入って依頼に来たのであるという事であった。

これというのもいわゆる官軍と称する軍隊の大部分は、長い間徳川氏のために押えられておった外様大名の各藩が主体であって、この中のある隊の奉ずる錦旗の如きは、その隊長の妻の帯を剥がして用いたというような有様であったから、幕府の恩顧を深く受けておった東北諸藩等は、いわゆる官軍を目して皇室の美名の下に徳川氏ならびに吾々を圧迫するものであるから、吾々東北諸藩が主となって輪王寺宮を奉戴し、新たに東北を中心として別の皇室を守り建てようという計画が着々と進捗しておったという風評があったが、その結果としては輪王寺宮を官軍重囲の中に陥らないうちに東北へ迎へなければならず、そのためには多大の軍用金の必要が生ずるという事になる訳であって、それを物語るのが、すなわち玉泉院の三井家に対する一万両の資金提供の交渉となって現われたものではないであろうか。

✺三井の対応

結局三井としては表面上においては、各店の支配人一人宛に気の利いた手代を従わせ上野へ嘆願に差し向けた一方、利左衛門等幕府方に関係の深い支配人が裏面から内偵を進めた結果、前の時の行き掛りもあるし、全く大金の必要に迫られているのであるから、いかほど嘆願しても五千両以下では相済まないであろうという意見であった。しかし三井としても容易ならざる場合であったから、まづ手付というような意味をもって二千両だけ調達して、残金は後から届けるという事に話が纏ったのである。

ところが五月十五日晩、上野戦争となって宮様を初め執当衆までいずれへか落ち延びられたために、遂にこの問題はこのままで終ってしまった。

今回の諸件の如きは、今まで永い間三井家としても利左衛門としても、一方ならぬ恩義を被っておった幕府の最後の問題であるので、その恩義に対しても三井の財政の許す範囲において、出来るだけの面倒を見なければ人情として忍びない処であり、同時にもう一方、三井家に対しての彼としては、幾分でも負担を軽減するようにしなくてはならず、誠に苦しい立場にあったのである。

✺新政府による献金の強要

右に述べた通り慶応も四年にして明治元（一八六八）年と年を改め、断末魔の近づいた幕府からは少なからざる御用金を仰せ付けられると同時に、十数万両の御預り金さえ取り上げられるという最後の問題に到着したが、それもようやくにして切り抜ける事が出来て安堵の胸をなで下した。

しかしそれも一瞬の間の事であって、八月には東京における大町人が官軍方に呼び出され、車駕東幸御用金として各家々に多額の御貸上金の仰せ付けがあった。その家々に振り当てられた御用金の指定額は左の通りである。

一、金三十万両　三井一家
一、金十五万両　鹿島一家
一、金　六万両　小津清左衛門
一、金　五万両　三谷三九郎
一、金　同　小野善助
一、金　同　村越庄左衛門
一、金　同　島田八郎右衛門
一、金　同　川村源左衛門
一、金　同　青地四郎左衛門

一、金　同　　大和屋三郎右衛門

この申し渡しが出る前、東京南裁判所からまず三井家の名代に出頭するようにとの御達しがあったので名代が出頭した処、同心衆の案内をもって西丸三条公御殿に参上、大奥御上段付の御座敷入側へ呼び込まれた。その折、敷居内には参謀衆ならびに市政判事山口範蔵列座し、上段の間には右大臣三条実美公が御控えになっておられ、最初三条公から、当春以来の天下の形勢ならびに奥羽出兵入用筋、かつ御東幸のために江戸城の修復、その他入用莫大の儀に付、御貸上金を仰せ付けられる訳である旨の御上意が有って、右大臣殿には入御（じゅぎょ）になった。

引続いて参謀衆から当時の形勢を種々御話しになった揚句、町人共は軍事に携らないで安穏に渡世する事が出来るのは国恩の然らしむる処であるから、これに報ゆるために、せめては会計方の御援助を勤めなくては勿体ない事であるから、その点を深く考えて御国のために尽力してくれるようにとの仰せ渡しであった。

それから直ちに一同は東京府御裁判所へ回った処、このたびは山口判事からまたもいろいろと御諭しがあった。その節山口判事の言われるのには、この際御貸上金の御用を勤める時には一万両の金高が十万両にも向うものであるし、今回の御貸上金は五ヶ年を期限として御差し戻しになるのであるから、少しも懸念する所は無く、その上一万両に付五人扶持の割をもって永久に下し置かれるのみならず、朝廷の御用達しの名義となるから、たとえ後年に及んで浮沈の場合に立至る事があった際には、政府において格別の御思し召しをもって御合力世話を致され、子々孫々まで永く家名を御取り潰しになるような事はない故、この所を厚く相心得尽力致すべきであるとくれぐれも御諭しがあった。

しかしいかに大三井であっても、資本が多ければ多いだけ事業もまた、その資本に準じて手広く営んでいるのは当然の事である。それ故商人として見れば多少の準備金は遊ばして在るかも知れないが、決して無尽蔵には遊び金というものはある訳のものではなく、多く遊び金の無いのも、また商人たる三井として当然の事である。

しかるに数年来の血なまぐさい風は未だに吹き荒んでいるために、三井の生業の各方面の成績も思わしくなく、その上前にも述べた通り、この年春頃よりは旧政府瓦壊のために、旧政府との取引上の精算を一気に始末せざるべからざる窮境に立至ってしまって、百余年来の恩義を報ゆるために大なる犠牲を払ったばかりである。

そして、その事件が一段落してから、数旬ならずして今また大総督より三十万両の大御用金の仰せ付けがあったのであるから、昔から大義に厚きを誇る三井家としてもこの場合直ちに御受する事が出来ないという事は、誠に事情止むを得ざる事と言わねばならぬ。よって店々一同打寄り今回の総督府からの仰せ付けに対し種々相談したけれども、右に述べたような事情であるので、只今かくのごとき大金を一時に納付するという事は到底不可能の事である。

なお今までとても、小野、島田と協力して三月には板橋駅において軍資金三万五千両、白米千俵を調達し、四月東征大総督熾仁（たるひと）親王の入府に際しては、三万両を調達し、同月再び一万両御調達したというように、総督府からの御金策が一再に止まらなかったのである。

とにかく小野、島田他諸家と打合せの上、八月二十八日永田甚七が東京南裁判所へ罷出で、御猶予の願書を差し出した処、さらに御取上げが無いのみならず、山口判事が言葉を荒らげて曰く、三井の店々は他店同様の身分ではないのに、只々日延べと計り願い出る等という事は、はなはだ増長した仕方である。

それも差し当り五万両も調達したその上で京都大元方へ相談するという事であるならば、最もにも聞こえるけれども、御用達の金高等は申し立てないで、只延期願いを致すという事ははなはだ心得違の話であるのみならず、横浜店には御預りの大金があって、その大金を私している事もよく当方にて承知しているのであるから、この件等は取調の上で闕所を仰せ付ける筋のものであるのを、そのまま差し許して置く訳は、少しにても御用を致させんためであるのに、それにも拘らず御用筋を少しも相勤めないという事は、はなはだ不出精次第であると、厳しい御達しであった。

✵三井の献金は五万両

ここに至っては三井としては絶体絶命の立場になった訳であって、二、三万両なりとも調達しなければ今までの苦心が水泡に帰する事となるという窮境に立ち至ってしまったのである。

結局五万両を差し出して残金は改めて差し上げるという事になったが、この裏面における利左衛門の活動というものは、また見逃す事の出来ない事実であって、すなわちこの事件と、次に述べようとする大政官札の流通という事については、彼利左衛門が明治十（一八七七）年二月二十一日死去して間もなく、贈位の恩命に浴する事を得た重要なる功労の中の一つに数えられている程である。

次に参考として各家々の決着の御貸上金と列挙しておこう。

一、金五万両　　三井一家
一、金五千両　　小野善助
一、金五千両　　島田八郎右衛門
一、金　千両　　三谷三九郎
一、金一万両　　鹿島一家
一、金一万両　　杉村甚兵衛

一、金一万両　小津清左衛門
一、金一万両　小林吟次郎
一、金　千両　村越庄左衛門
一、金　千両　川村伝蔵
一、金一万両　榎本六兵衛
一、金一万両　西村七右衛門
一、金一万両　加太八兵衛
一、金千両　大和屋三郎兵衛
（後略）
〆金十八万千両

第五章

太政官札と商法司

✺不換紙幣の発行

徳川慶喜公が政権を奉還してから京都方において、最初に困った問題は財政の窮乏という事であった。この京都方の財政方面を主宰されておったのは岩倉公であったが、公は夜も寝ずに考え苦しまれること続きであったという事である。それ故京都方においては差し当り焦眉の急を救うために、京都ならびに大阪方面の富豪を説いて、小野善右衛門は二万両、三井三郎助ならびに島田八郎左衛門は一万両宛調金献納したのを基金とし、また御所内で掻き集めた五百両程をこれに合わせ、当面の軍費に充てる事になった。

しかしこの位では到底軍費の百分の一にも当らない訳であるから、再び軍資金三百万両を徴収する事になり、京、大阪はもちろん近江、伊勢、大和方面にまでも運動してかろうじて予定金額を集める事が出来るには出来たが、これとても一時の弥縫策に過ぎず、到底継続されて行く戦争と、政府の事業の経費を支弁するという訳にはいかなかった。

これより先、岩倉公の財政策方面の相談役となっていた者に、鹿児島藩の安田轍蔵と福井藩の三岡八郎の二人がいた。安田は日本は米納の国であるから米券を発行するが宜しいと主張し、三岡は彼の旧藩越前の貧乏財政を救った経験があるから不換紙幣に等しい紙幣発行の説を建議したところ、岩倉公は三岡の意見を大体において容れることとなり、慶応四（一八六八）年二月末の二条城における財政問題大会議においても反対はあったが、多数決をもって三岡の説を採用する事となるとともに、三岡を紙幣製造の主任官とした。この三岡は、すなわち後の由利公正である。

ここにおいて、三岡は郷里福井に帰り、紙漉師（かみすき）に金札用紙の調製を命ずるとともに、金札製造に経験のあるもの三名を伴い帰って、二条城内において金札の製造を始めた。この金札は十両、五両、一両、一分、一朱の五種であって、閏（うるう）四月中旬までに製造した高は、百二十二万五千両に達したので、同月十三日に金札発行の布告を発布し、五月十五日に始めてこれを発行した。これすなわち太政官紙幣である。

✺太政官札の発行と暴落

この紙幣発行に至るまでの当座のしのぎとしては、徴募し得た三百万両と新たに鋳造した三百四十万両の二分金とをもって支弁しておったのであるが、太政官札の発行とともにこの紙幣は京阪地方では直ちに通用し、所謂勤皇諸藩もまた太政官札を借りて国費を支弁しておった。しかし関東地方では発行後当分通用するに至らなかったので、総督府においては東京、横浜で一時の借用金をしながら用途に充てた。すなわち前章に述べた三井始め有力町人の八万千両の御貸上金等は、この借用金の一部であったように思われる。

しかるに太政官札は通用十三ヶ年の不換紙幣であったから、未だ新政府を信用しきらない国民は太政官札の通用を嫌って紙幣の相場が暴落し、殆んど不通の如き有様となった。よって政府はこれが回復策を講じて明治元（一八六八）年十二月四日には時価に照らして使用するようにとの布告を出したが、かえってこれがため各地の相場の率を異にし、計算上の困難を来たしたために、また流通が止まるようになった。よって政府は直ちに紙幣に時価を付ける事を禁じ、金貨を兌換使用すべき旨を発布したが、これがためますます紙幣の時価は下落し、遂に物価の標準となることが出来なくなった。その結果は翌三年正月頃に官吏の月給を太政官札で渡す時には、百円に付き二十円の増し渡しとなったような有様で、官吏といえども大いに紙幣を忌み嫌う風を生じ、ひいては紙幣の信用失墜のため天下の騒乱という椿事の発生も免れ得ないというような心配も出て来た。

かくのごとく紙幣の信用は全く失われたので、政府は紙幣の流通は国民に強制すべきものでないと認めて、五月二十八日、紙幣通用期限十三ヶ年を五ヶ年に短縮する事を発布すると共に、その増刷を止めて機械を破壊し、新貨幣を鋳造してこれと交換する方針を設けた。それから金銀貨ならびに紙幣の兌換に私利を営む者を罰し、貨幣の贋造または売買を禁じて、違反者を密告した者には罰金の八割を賞与として与える旨を布告した。

この政策は果して功を奏し紙幣の信用を一時回復する事が出来て、国民は真贋の判別し難い悪貨幣よりは、この紙幣を喜ぶようになった。

✺太政官札の買い占め

ここに太政官札について面白い逸話があるから次に述べてみようと思う。

太政官札が相場を失って二束三文となった時に、鍋島藩の策士加賀権作が大阪で密かに太政官札の買い占めを大いに行った。これを横浜の西村七右衛門（郡司）の店を預っていた彼の聟養子佐平が聞き出して、郡司に何の気なしに話したところ、郡司は加賀権作が紙屑同様の太政官札を買い占め出したという事に付いては、必ず彼の胸中に一物有っての行動であろうと、直ちに佐竹、尾張、花房、南部諸藩から資金を借用して、江戸、横浜において資本の続く限り買い占めを電光石火的に実行した。

この太政官札を買い占めるに付いては、東京はもちろん横浜の両替屋を使役して行ったのであるが、安田善次郎等も西村郡司のためにその才を認められ資金の供給を受けて大いに収集を行い、これが土台となって産を成すことを得たのであるが、果してその後間も無く加賀権作は、政府の発行したる紙幣が券面通りに流通しないというのは、すなわち国民が政府を信用しないという事になるのであるから、もし券面通り流通する事を嫌う者に対しては、厳罰を加えても紙幣価の維持という事に努めなければならぬと、大いに奔走したという事であるが、彼の運動の効果が現れたのであるか、間も無く太政官札の相場が上騰して来たので、加賀権作は大いに利益を得たという事である。

西村郡司も全資力を傾倒して買い占めにかかったのであるからその利益も莫大なものであり、このために彼はその後、貿易事業においても、開墾事業においても大資本を運転する事が出来るようになったという事である。

この話は上総国夷隅郡御宿の干鰯問屋の倅で、その当時西村家に修行に来ていた式田啓次郎老人の実見談である。

✸贋造紙幣、贋造貨幣の横行

続いて政府では五種の太政官札では小取引に不便を感ずるところから、明治二（一八六九）年九月には二分、一分、二朱、一朱の四種の補助紙幣を発行した。これが明治十二（一八七九）年十二月限り償却の民部省札である。また徳川末において悪貨幣を始め藩札等の濫造が盛んに行われたために、贋造紙幣、贋造貨幣が多く出回り、その弊害少なからざるものがあったから、新政府は同年十二月に贋造を厳禁すると共に、新貨幣を鋳造して徳川時代の藩札を交換する旨を布告したけれども、この貨幣はもちろん、太政官札も大いに悪質のものであったので再び前轍を繰り返し、全国各藩までが貨幣ならびに紙幣の贋造を盛んに行ったという事であるが、今回の問題等は明らかに政府にもその責任が充分にあるという訳である。

そしてこの結果は、遂には対外関係の上にまで大障害を及ぼして英国公使等の厳重なる抗議となり、また悪外人共は贋造を盛んに行うと共に貨幣、紙幣の贋造品を承知の上で収集し、これを利用して政府を脅迫し、巨利を占めようと計画するものが続出した。

かくのごとく対外関係にまで大影響を及ぼしたというので、政府では極力犯人を捕縛して厳罰に処する計画を立てたところが、当時これが糾弾を司るべき司法当局者達は、「泥棒を捕へて見れば我子なり」の有様となって、これが処分に窮し、遂に辞表を提出するより外に方法が無いというような境遇に陥ったものが多数あった。すなわち当時の司法大官は主として薩、長、土、肥のいわゆる勤王家と称する連中であったのである。

次に当時の政府大官の往復書面等から、今少し太政官札発行に付いての影響を述べてみたいと思う。

木戸孝允から岩倉具視公に差し出した手紙を見ると、次のような意味が出ている。

金札に付いての御触れが一度出たにも拘わらず、その発行したところの金札が国民共の疑惑の種となり、これが回復する事の出来ないようでは朝威が相立たず、従って百事が瓦解する基となるのである。難波と京都とは唇歯の関係であるから、難波の人民が安堵すればたちまち京都へも響き従って、東京へも影響が伝播するのである。阿波、土佐、備前、その他中国九州路の諸侯等は、朝廷の重職におられて天下へは種々御布令も出す役目でありながら、自分の国では一向に金札の取引が行われていないようであるが、この諸国等は難波の最も近く、難波商人との取引も激しいのであるし、その上朝廷の重職におられるのであるから、金札流通の実行等は、この諸侯方の自国から率先して尽力をしなければならない事であろうと思う。

また同公の岩倉公に差し出した別の手紙には、次のような意味のものがある。

金札は相場の変動がはなはだしく、また贋金の流通が多く、そのために大阪の商人共はただ毎日の太政官紙幣の高低のみを窺って売買を事とし、その職業に骨を折る者がない。この間において贋金のために苦しめられる人民が多かったので、彼等は商売の安定を失い遂に一揆に等しい騒動が発生したけれども、漸く鎮(しず)める事が出来たとはいえ、再発の心配がますます濃厚となり、京都もこの渦中に巻き込まれるような形勢となって来た。これがもし突発すれば、遂には全国的の騒動となって、このために漸く完成しかけた維新の大業も、遂には瓦解の憂き目を見るに至るであろう。この風前の灯の如き有様に立ち至ってしまった我国勢に対しては、いかにしても太政官札を現金同様に通用させなければ、到底この難関を切り抜ける事は出来ないであろう。

右の木戸公の二通の手紙はその大意を述べたに過ぎないけれども、この意味を充分に玩味する時には、太政官札発行の国民に及ぼしたる影響を知るばかりでなく、明治維新というものの裏面をうかがうのにも、無二の史料という事が出来ようと思う。

✺商法司設立

さて話は少し前に戻るが、慶応から明治にかけては何しろ全国津々浦々に至るまで、血生臭い風が吹き荒んでいたから国民は疲弊したばかりでなく、財政状態においても極度の恐怖時代を現出したために、商工業は衰退し、金融機関は全く途絶するという状態となった。明治政府としては政権を握ったばかりで、財政の根本策等という事は全然建てられていないのであって、これを確立するには国民一般に税を課するか、あるいは富豪より借入金をなすという事が当然の順序である。

しかるに当時の国内は、前に述べたようにすべての機関が破壊されているから、まずもってこれらの復活を計るという事が急務であったので、その目的から一つの機関が生まれ出た。これがすなわち商法司であって、会計官中の一司として設けられた。

これは明治元年閏(うるう)四月二十五日初めて京都に設立され、その目的の主なるものは大いに商業を振興し同時に収税の務めを果たす事であって、主として活動したのは商業の振興という事である。五月二十八日には三井八郎右衛門ならびに次郎右衛門が、この商法会所すなわち商法司元締を仰せ付けられ、苗字帯刀御免という事になった。

✺東京にも商法司設立

ところが秋頃になれば、東京にも商法司が設けられる事になったけれども、この東京の商法司は京都に設けられた商法司とはその設立の動機が少し変っているのである。

すなわち京都の商法司設立の動機というものは、右に述べた通り国民経済の安泰を計り商業を振興して収税を増すというのであったが、東京のものは、発行後半年余も流通させる事が出来ず、ために東北に兵を送る事が出来なくなって、新政府を苦境に陥し入れた原因をなす太政官札を、関東に流通せしめようというのが大なる目的であって、これが根本となって生れ出たものである。かくのごとく同名の機関でありながら、その動機の内容を異にする案を立てたのは誰であるかといえば、三井家の名代三野村利左衛門であったのである。

利左衛門は今まで重ねがさね述べて来た通り、彼の前に困難な問題が転って来れば、その問題をすべて自分のもの、すなわち味方としてしまって自分の目的を達成するという特別の手腕を持っていたもので、在来の例から考えてみると全く彼一人の胸中にその秘策を貯えて、徐々に目的に向ってひそかに策動を試みるのであるが、これについては三井の重役共すら全然知らないで過し、解決してから始めて知るというのが常であった。

元年八月の五万両御貸上問題の時において、早くも京都方面における太政官札流通状態等を取調べており、当然関東においても起るべき問題であるからこの御貸上金の事件の際に、既に関東における太政官札流通策を立てた上、総督府要路の了解の下に御貸上金の建言を許されたものであるらしく考えられるが、しかし彼の性格としたならば、当然この位の事は遣りかねない事であると思われる。この推定を裏付ける二、三の史料を次に挙げてみようと思う。

三井文庫所蔵記録に

一、去月十三日東京府御役所より三野村利左衛門殿御用之儀ありましたので明十四日参上すべしとの書き付け御到来そこで参上したところ

烏丸様より於御殿お受けしたおさしずは左に

三野村利左衛門

右此度商法知事命じられ苗字帯刀御免御扶持方二十人扶持被下之

尤代勤之者は

主人へ　十人扶持

本人へ　十人扶持

右の通被仰渡候處當節不容易御用之儀に付御免歎願只顧被奉申上候得共御採用の様子更無御座且は御一新之折柄種々御利解御教諭之御談に付不得止事（以下略）

という十月十三日付の手紙が写されているが、それを次に挙げる二通の手紙と比較したならば、

東京の商法司の沿革ならびに三野村利左衛門の性格が判然して、先の推定も当然であると思われることであろう。すなわち明治元年九月六日、江戸における三条実美公より京都の岩倉具視公に差し出した書面に次のようなものがある。

（前略）

會計の儀も大久保始段々心配仕少々は商賈より借上猶金札施行貨幣通融方三井などの見込も有之商法司相設候儀に決し此好機に投し彼紙幣を行い候はばしかるべしと評議相定り申候間多分融通相付可申猶此上は如何様にも盡力可仕候間此儀も御懸念不被為有様奉願候右之廉々も粗目鼻相立候はば速に御發輦機會を不失様御進止被遊候義肝要に奉存候

次に大久保利通から木戸孝允へ宛てた明治元年九月六日の書簡を挙げてみよう。

二陳

金策の事も御貸上も相ととのい三井どもより金札施行之義建言仕近々三井鹿島其余三人位御人撰に而商法司おおせつけらるはずと御座候名代三野村利左衛門と云是は三井自ら憤發して金札轉還はお約束つかまつる尤人撰は豪商共手前に而相撰申上共々に必死盡力可仕と申事直に委曲承候處固有の者を活用いたさせ候計略に而別而良法と相考申候何率金札一、三百早々に御差下の御都合御頼申上候幸に三岡急と東下調候はば無此上事也是がためにはわざわざ御

雇にて飛船被差立可然相考候
乱筆不文御高見御推賛可被下候
木戸先生閣下　　大久保
密要

✺利左衛門の画策

右に挙げた二通の手紙を見てもよく分る通りであって、三条公は太政官札流通については、三井の腹案があるから商法司を設ける事に決定したので融通も付くであろう、この上は出来るだけ尽力するから、右の金札問題や何かの目鼻が立った上は、速かに陛下の御東幸を決行される事が肝要である、というような意味が載っている通りに、明治政府にとっては関東における太政官札流通という事が政府の死命を制する重大事件であったように思われる。また大久保利通の手紙を見れば、明らかに今回の商法司の設立については、三野村利左衛門が三井の名代として総てを引き受け商法司の役人等も、彼が選定したという事を知る事が出来る。

すなわちこの手紙は両者とも明治元年九月六日差出しのものであって、その時に早くも利左衛門が総ての御膳立てをしていたという事が現れているにも拘わらず、三井文庫所蔵の記録にある九月十四日利左衛門の商法司知事登用一件の書面の内容を、前掲二通の手紙とは一目して矛盾のある事が知られるであろう。しかれどもこの矛盾の点が、彼利左衛門特有の手腕を証拠立てるものであるといえるのである。

かくのごとく関東における太政官札の流通ならびにそれ以前における御貸上金の問題が、明治政府の死命を制する程の重大事件であったのであるが、それを三野村利左衛門が三井の名代として専断をもって都合よく切り回し、明治政府を安泰の位置に止まらせる事が出来たのであって、当時の利左衛門のその決心ならびに胸中を推察する時に、国家を彼ひとりで背負って立っていたような考えで彼はいたのである。

明治十年三月十九日東京府知事楠本正隆が、右大臣岩倉具視に差し出した故三野村利左衛門追賞の儀上申書を見るに、

当府平民

故三井銀行副長

三野村利左衛門

右の者義去月二十一日病死と付事蹟及取調候處同人義は維新以来理財上に付而勤労不少其履歴概略別紙之通りに有之右の外最も著名なるものは明治元年にありては有栖川宮(ありすがわのみや)大総督をもって東下の節軍資金調達の為四方に奔走し太政官札御發行しもじもの民の信用未除際流通

事宜を建言し官其の言を採られ紙幣流通の功不少云々

とあるごとく、利左衛門が没後間もなく贈位の天恵を拝するに至った重要なる功労として、太政官札流通の一件を挙げられてあるのも宜（むべ）なるかなというべきである。彼のかくのごとき偉大なる御奉公の結果は、その年の十月関東を中心として津々浦々に至るまで、左のごとき町触れを政府において布告せしむる事を得たのである。

町触

一今般

御東幸に付而はかねて御布告の通金銀紙幣取り交ぜて通用勿論の儀と候得は僻邑僻境（へきゆうへききょう）においては未だわきまえざる向も可有の候間御領は府藩縣私領は領主地頭より不洩様早々可相觸候事

右之通被仰出候間通用差支無之様市中両替渡世之者は勿論末々に至迄不洩様觸知もの也

辰（たつ）十月

右之通達来候間相達候此旨行届候様早々可相触候事

辰ノ十月三日　名主書番

第六章

通商司の創設と開拓使

1　通商司

✺商法司の不振を見越して通商司の設立へ

商法司は大阪方と東京方とは設立の時期においてもまたその内容においても、少し異なる点のあった事は前章に述べた通りであるが、その後の大阪方における成績を見るに、競って資金の融通を受けたこの地方の商人共も、あるいは物産増殖のために元金として借り入れたる各藩も、その元金を藩の経済に費消するというような有様で、結局商法司の事業は不成績という事になった。

そこで明治二（一八六九）年二月二十二日に新たに通商司という機関が設けられる事となった。

この機関を建設するために発表された主旨を見るに、大略左のような意味であった。


すなわち、皇国商法の基礎を建て商業の円滑を図り、国内海陸運送を盛んにして、辺土の国民に対しても物質の過不足なからしめると共に、諸外国との交易によって我国の疲弊を防がんとするためであり、また近年中の頽廃を救恤（きゅうじゅつ）する意味において通商司を建てたのであるから、各自勉励努力すべきである。社とはすなわち、組合仲間が同心協力するの意味で、一人よりは十人、十人よりは百人と仲間が多ければ、それだけ大きな事業も容易に成就するのである。とりわけ今回建てられた通商司に属する通商会社は、左の箇条の通りであり、商取引に付いて金子入用の節には、本司に属する為替会社から自由に融通し、規則、規約に違反するような時にも安心して営業する事が出来、その家を富まし、その国を富ますを得る事明らかである。

為替会社の本務（大意）

一、貨幣の融通を円滑にする事
一、通運の便を図り海陸運送の荷物水火盗難非常請け合いの法を設け商人の便利を図る事
一、貨幣の融通を助けて商業の便宜を図る事を旨とし会社自身商業を営む事無き事

通商会社本務（大意）

一、諸物資の融通を図り過不足の憂なく物価と平均して商業を盛んにする事
一、諸会社を総轄して高利を貪らず、規則によって諸商を指導し、違反する者有らば忠告を与え尚肯んぜざれば官権を以って処分する事

右に大意を述べた通り通商司というものは、商法司とあらかた同一の事業を成すものであって、

なお商法司以上に活動する機関であるから、通商司と商法司を併立させて置くという事は事を複雑に導くのみであって効果なく、その上商法司の事業成績が思わしくないというのであるから、商法司を廃してその事業を通商司が継承するという事は当然であると思う。それ故通商司が設立されて約一ヶ月後の二年三月十五日に、遂に商法司は廃止される事となった。

✺貿易商社の概要

ここに通商司を述べるに先立って、重複するけれども貿易商社というものに付いて、少し記してみたいと思う。

慶応三（一八六七）年十一月下旬、幕府においては追々と増加して来た在留外国人に対し、取締上築地鉄砲洲辺の海岸へ異人居留地を取り建てて、ここへ江戸に散在している異人を住居せしむる事となり、係り役人は左の通り決定した。

外国奉行　町奉行兼帯　朝比奈甲斐守
同　杉浦　民三郎
組　頭　森　新十郎
調　役　原　喜太蔵
小花　作之助

かくのごとくすべての準備も順当に進むに従って、この居留地の税銀ならびに金銀の取扱方は、横浜表の例によって三井御用所に仰せ付けられる内意があり、三井が引き受ける事となった。また慶応四（一八六八）年五月には三井八郎右衛門を新たに明石町に出来た外国局の御用達に任命した。

ところが徳川慶喜公の大政奉還によって一時この事業もそのままとなっておったが、明治政府が設立されてもこの事業の必要性は認められて最初の計画を実行する事になり、そのために同年九月四日、鉄砲洲明石町の役所から三井に対し、名代の者が罷り出るようにとの書付が到来した。よって代表として三野村利左衛門が罷り出たところ、東京府開市のために三井八郎右衛門を外国人貿易商社取締総頭取に申し付け、これに対しては一切猶予を与えないという厳命であった。

明治元年十一月二日には鉄砲洲御役所から商社取建のために地所を拝借することになったが、その場所は御役所の傍の元田沼家下屋敷及び仁田、水野両家邸の中、およそ五百坪程を受取る事となり、右の場所で金銀取扱貸付ならびに商社の諸品相場取扱役の儀は、東京市中の身分在る者へ仰せ付けられる御内意があったが、新に拝借地内に仮建築を施して、直ちに十一月八日から金銀取扱の事務を執り始めた。

しかしその後何の御沙汰もなかったために取り留めた仕事も出来なかったのであるが、明治二年二月十八日に同所御役所から書付が到来し、利左衛門が呼び出された時に始めて商社規則書を御下げ渡しの上、市中の町人で身元相応のもの七十三人へ肝煎(きもいり)役を申し渡すから右規則書を一同打寄って充分に納得の上、商社の盛大になるよう骨を折って欲しいし、なお思いついた事があったならば申し出るようにすべし、もっとも頭取役は人選の上申し渡すべしという事であった。その時に利左衛門の手許へ下げ渡された貿易商社規則の大要は次の通りである。

一、商社取建候御趣意之事

貿易取引之儀これまで銘々一己の利潤より眼前の利に走りついに西洋人の商策に陥り大損毛を醸し身上退転におよび候者其先蹤不少東京の諸商近国之商人に至るまで開市場において手堅貿易商業を遂んと欲する者は社中同盟し相互に助合善良の商法をもって永久の利益を測るため今般開市場へ貿易商社取建方の免許有の候に付而者数多の諸商貧富を不論公平之商業相営候様との厚御趣意を基に社中の規則左の通り、取極め加入の者堅く是を守るべし。

一、商社中役割方之事

商社総頭取　三井八郎右衛門

同　頭取　十人程

同　肝煎(きもいり)　およそ百人程

内五人ツツ順番に而行事可相勤事

同組合世話方　人数不定

同組合　　　　同断（同前）

但組合加入届出之者ハ追々差加候積り

以下は項目のみを掲げ、その説明は省略する。

一、外国人と前約定取扱之事

一、売込約定違ひ取扱方之事

一、買取品約定違取扱方之事

一、商社普請入用金之事

一、身元敷金之事

一、鑑札渡方之事

一、貸附金取扱方之事

一、相場之集会ハ毎日朝正五時より四時迄を限とすべし

一、為替金之事

一、貿易取引刻限之事

一、売買高歩合口銭割合之事
一、商社積金取扱方之事
一、商社雑用立方之事
一、金銀出納之事
一、売買高町会所へ届方之事
一、商社中年中休暇之事
一、遠国商人宿泊之事
一、諸家ならびに遠国之産物預り方捌き方取扱之事
（以下略）
右之規則商社総頭取始一同へ可申渡もの也
巳（み）二月

このように貿易商社も追々と順序立って来たので、左の如き商社創立の町触れが出た。

商社創立町触（大意）

商人等は貿易取引では自己の利益に迷い、野望を抱き身上はもとより住まいをも失う者が少なくなかった。この度、東京開市について商人等貧富強弱互いに助け合い一己の利に走らず、

組合社中を立て、永久の利徳をはかり、公平の商業を営む様との厚きご趣意で、鉄砲洲に貿易商社を取り立てることが許され、三井八郎右衛門が商社総頭取に申しつけられた。付いては、貿易取引のために組合に加入したいと願う者は同所に申し出る事。

右の趣、町中漏らさぬよう触置くこと。

巳二月

✺貿易商社の事務を取り仕切った利左衛門

貿易商社の総頭取は政府の指命によって三井八郎右衛門が任命されたけれども頭取役、肝煎役（きもいり）は容易に決定を見なかった。そして商社の事務は利左衛門が三井八郎右衛門の名代役として万事執り仕切って運んでいたから少しの支障もなかった。その商社の普請も大川畔にあった御船蔵二棟を取崩して構内に組み立て、ここを諸相場建ての場所とする事にし、肝煎役諸商人仲買場所はこれまであった長屋造りを改修して用いる事となった。

✺通商司に与えられた権限

さて、話はもとへ戻って通商司設立の準備が完成するを待って、改めて政府より左のごとき御布令が出された。

今般会計官通商司を置き、追々商律を立てるため左之条件御委任します

一、物価平均流通を計るの権

一、両替屋を建るの権

一、金銀貨幣の流通を計り相場を制するの権

一、開港地貿易輸出入を計り諸物品売買を指揮するの権

一、廻漕を司るの権

一、諸商職株を進退改正するの権

一、諸商社を建るの権

一、商税を監督するの権

一、諸請負の法を建るの権

右の件々御委任しますので三都府始め諸開港場出張し地方官と談合の上施行致す事

その東京通商司為替会社ならびに通商会社総頭取には、三井八郎右衛門が任命されたと同時に三野村利左衛門は両会社総差配司という事になった。

両会社総差配司となった利左衛門は、まず東京通商司為替会社並びに通商会社の事業規則を作成し、直ちに発布するや、続けて諸国産物送荷物取扱規則というものを定め、この機関の目的達成のために努力していた。

しかしやがて、この諸国産物送り荷物取扱規則は、すでに見てきた「貿易商社の規則の大要」と重なる部分が多くあることから、貿易商社は通商司両会社に合併した事として取り扱うこととなり、通商司の中にその名前を残す事になった。

そこで通商司両会社総差配司三野村利左衛門は、社中組合一統に対して申し諭すべく「諭告書」を発した。その大意は次の様なものである。

✺諭告書の大意

このたび通商司において貿易商社御差しゆるし諸商人に社中へ合併が命ぜられましたが、その趣意は、必ずしも貿易の二字にこだわった事のみではありません。これまで諸商人は商売の仕方などをはっきりさせては来たものの、国内のみの取引を基として東京府の事のみを眼目としてきたために、目下の外国貿易の際には手狭極まる事になってしまい、商法盛大をなすことはできなくなっている。

有志の者はこれに気づき商法の改正を心がけているとはいえ、年来染み渡る風習は容易に直りがたく、ことに商人仲間の内、主立った者の多くは、昔風儀を固守する人を堅固の人として用いているが、これらの人は真に堅固の人というのではなく、時勢を知らざる片意地者というべきである。

いまや外国貿易盛んに行われ、外国人益々高慢になり、種々の難題を体よく申し述べるようになった。これは御国内の商人に、睦み合うという商売の仕方がないが故であり、睦み合うという商法がないことは、旧弊になずんでいるからにほかならない。

これを改め正して、諸商人が党を組み、一人の智より衆人の智、一人の財力より衆人の財力を合併して大商をなさしめんが為に、貿易商会社が御許容になったことで、これはこの社中に関係した事である故に、勝手ままに小利をむさぼらず、衆人同意して力を合わせ、商売盛大を心懸けるべきである。

西洋の商人の自国は、多くは極寒の僻地なれども人民自国のあしきに疲れ、上下衆庶心を合わせ経営を営んだことで、世界万国に横行し、今我が日本へも、ざらに渡り来て、国威を輝かせ商売を十分に遂げている。

我が国の商人はこうした外国商人を見て、恐れをなし、とても外国商人には及ばぬことと逡巡し、甚だしきに至っては彼らの機嫌に背かんことを恐れている。外国商人といえども智たる富をなすにあらず、彼らとても富人あり、貧人もあるは世界一般の常態なれども、その大富をなすは一人の小利を思わず、衆人の智力を合併して相互に睦み合いわがままを捨てて、皆が認める所の公平をもって商売を遂げるが故に、世界万国にはびこる大商大富をなしたに過ぎず、別に不思議のことにもあらず。

このたび商社御取りたて御許容遊ばされたことの訳を深く思い、外には海外貿易を相務め、内には商法を明らかにして国内商人一致の党を組み、商産を引き立て御国益専一に心がけ、西洋商人に負けまじと奮発して国家富豪の商策を相立申すべし。（後略）

両会社総差配司

三野村利左衛門

✺為替会社及び通商会社の役員

明治二年七月九日には東京府より三井次郎右衛門、小野善助、島田八郎左衛門の三人は、通商会社貿易商社総頭取兼帯に、田中次郎右衛門、小津清左衛門、下村庄右衛門の三人を同並に任命された。

また通商司両会社すなわち為替会社、通商会社の役割を挙げれば次のごとき堂々たるものであった。

一、御用筋取扱総取締　三井八郎右衛門名代

稲垣　次郎七

三野村　利左衛門

三井　三郎助　同　次郎右衛門　名代兼

同　元之介　齋藤　専蔵

小野善助名代兼

一、元方会計出納掛

西村　勘六
島田八郎左衛門名代兼
田中　忠次郎
田中　次郎右衛門
下村　庄右衛門
小津　清左衛門
頭取
吉村　甚兵衛
肝煎重掛
林　久兵衛
岸本　五兵衛
谷口　直次郎
肝煎
島屋　三郎兵衛
小川屋　佐兵衛

一、米油取締
并相庭所掛

頭取
西村　七右衛門
外四人
肝煎
山屋　喜助
外五人

一、金銀両替掛

頭取　上野　四郎左衛門
外二人
肝煎重掛　大鐘　品吉
肝煎　島田屋　新七
外四人

一、送り荷物并入札掛

頭取　榎本　六兵衛
外四人
肝煎重掛　三井　八郎右衛門
外六人
肝煎　島屋　三郎兵衛
外二人

一、組合貸付掛

頭取　吉村　甚兵衛
外二人
林　久兵衛
外七人
頭取　吉村　甚兵衛

外二人

肝煎重掛　岩塚　利兵衛

外三人

肝煎　京屋　彌兵衛

頭取　榎本　六兵衛

外四人

肝煎重掛　三井　喜左衛門

外一人

肝煎　堀越　角次郎

外一人

一、局取締并諸入用掛

総頭取　鹿島　万平

一、無産窮民授産掛

総頭取　島田　八郎左衛門

同並　田中　次郎右衛門

頭取　榎本　六兵衛

重掛　林　久兵衛

外一人

✺為替会社と通商会社は一体となって全国展開

為替会社ならびに通商会社両社の関係は、車の両輪のごとく不即不離の関係にある。すなわち通商会社が戦争をして、為替会社がその兵站部を受け持つというような工合であった。

何しろ両者の仕事というものは非常に大規模のものであって、あらゆる種類の同業組合を造らせて加盟させ、それを統括して全国的に運用するというようなものであったし、あるいは諸藩で租税として納められた収納米ならびに産物の処分に付いて、各藩がそれ等を諸港へ積み出しても、引請人が無い時はその所在の為替会社へ申し出れば産物引当で金子を貸渡し、その品物は商社の会所で公入札をもって売り払いて諸精算をなすというような方法を執っていたが、二年八月には次のような規則の下に諸国産物商社という諸府藩県租税品売り捌きの会社が設立された。

以下に諸国産物商社の規則の一部を抜粋する。

一、諸府藩県商会の儀は今般廃止の上改めて通商局中に租税品売捌会社を取立てたるに付諸産物を当府下において売り捌きたき節は同所へ出張の上引合売り捌くべき事

一、諸国商人従来の商法により府下商人へ引合送りの荷物にても望みにより通商会社へ直ちに積付る事苦しからず

一、各地方にて同業同志の商人申し合せ商を結び当会社中に加入申し込むものは相応の身元金(身元保証金)差し出したる上加入差し支えなき事

(以下略)

一、右ヶ條の通り相心得すべて為替会社通商会社規則遵奉の事

巳(み)八月

✺両会社には大元会社があり、その下に商社、組合商社が

この両会社の大元会社は京都に最初置かれ、その下に西京、大阪、東京の元会社を置き、その三都の元会社の支配下に東京持としては横浜、浦賀、新潟、石の巻、酒田、清水、箱館の七ヶ所の商社があり、西京持としては大津、伊勢、敦賀、伏見、三崎、神戸の六商社、大阪持としては兵庫、堺、下ノ関、長崎、四国の五商社が附属していた。その外各地に追々と商社の設立を奨励していた。

各地の商社に附属する組合の種類は、その地方の情況によって異っていた。例えば糸商社、綿商社、茶商社、両替商社、酒商社、米商社、油商社、木綿商社、紙商社、唐物商社、乾物商社というように各種の組合商社が各地方商社に配属して、各組合の社長、執事役は元会社へ日勤して、総頭取、頭取、大年番、添年番等の命にて各事務を執ったのである。

✺考えた各組織体系を図示法で示していた利左衛門

その地方商社すなわち小商社の役割系統を述べれば、一番上に総頭取がありその下に年番役があって、社中取締、交通掛、元方手形掛、荷物掛、貸付掛、入札掛、相場掛、産物掛、引取売込掛、掛引掛等の諸役が年番に配属しておった。

また為替会社の分担は、総頭取年番の下に社中取締掛、札製造方取締掛、金札引換方掛、貸付掛、諸国出張取締掛の諸役があって、これらの計画配置の案は、通商司両会社総差配司の三野村利左衛門の胸中から出ているのが大部分で、利左衛門は何か計画する時には、彼独特の図示法によって表すのが得意であった。

通商司両会社の事業計画役割分担等の上においても、よく彼一流の図示法によって一目瞭然たらしめ、いまだ我国人の経験せざる新しき事業計画を、この図示法によって直ちに理解せしめて我国商法を根本よりの大改革を断行し、明治経済界の基礎を確立したその功労は、決して見捨てる訳に行かないのである。

この利左衛門の図解に付いては、渋沢子爵の直話を次に記して読者の参考に資すると同時に、右に述べた私の説を裏書きしておこう。

大隈侯爵は常に言われるのに利左衛門は無学だけれども、どうも要領を得る点においてはアレ位の奴はない。何でも丸い輪のようなものを作って、そうして丸と丸を色々の線で結び付けてここをこう続ければこういう事になる。こうなれば、この問題はかくの如く統一するとか言って系統を付けるのが好きであった。これも彼に学問があっての事ではない。ただ利左衛門の特殊の頭脳の働きによったので、実に丸を作って講釈するのが名人であって、よく話がわかったと話されていた。

利左衛門が無学であるのに立派な学者のやるような考えを付けたというのは、余程彼にかわった何かがあったのであろうと、私も大隈侯爵同様に考えておった。云々

次に前に述べた通商司両社の組立てならびに運用の図解を説明して見よう。

第一図は通商元会社を中心としたおのおのの組合の有様を図解したものであって、第二図は京都本局と各地方商社との連結ならびに各商社間の諸相場流通関係、諸藩出局との状態を表したものであって、墨引の線は本局と各地方商社との連絡を表し、朱引の線（※点線部分）は諸相場の流れの有様を示したものである。第三図、第四図は各商社ならびに為替会社内の役割を表したものので、これが第二図の小丸の一つの分解図に相当する。第五図は東京、西京、大阪の三都商社の持分及び各地方商社物資融通の例を線にて表したもので、朱線（※点線部分）は追々と社中に願い出るという意味を表したものであって、この図中に皇国商会社とあるは利左衛門が通商会社を常にかく呼びなしていたために、この図にもその別称を用いたのである。

第一図

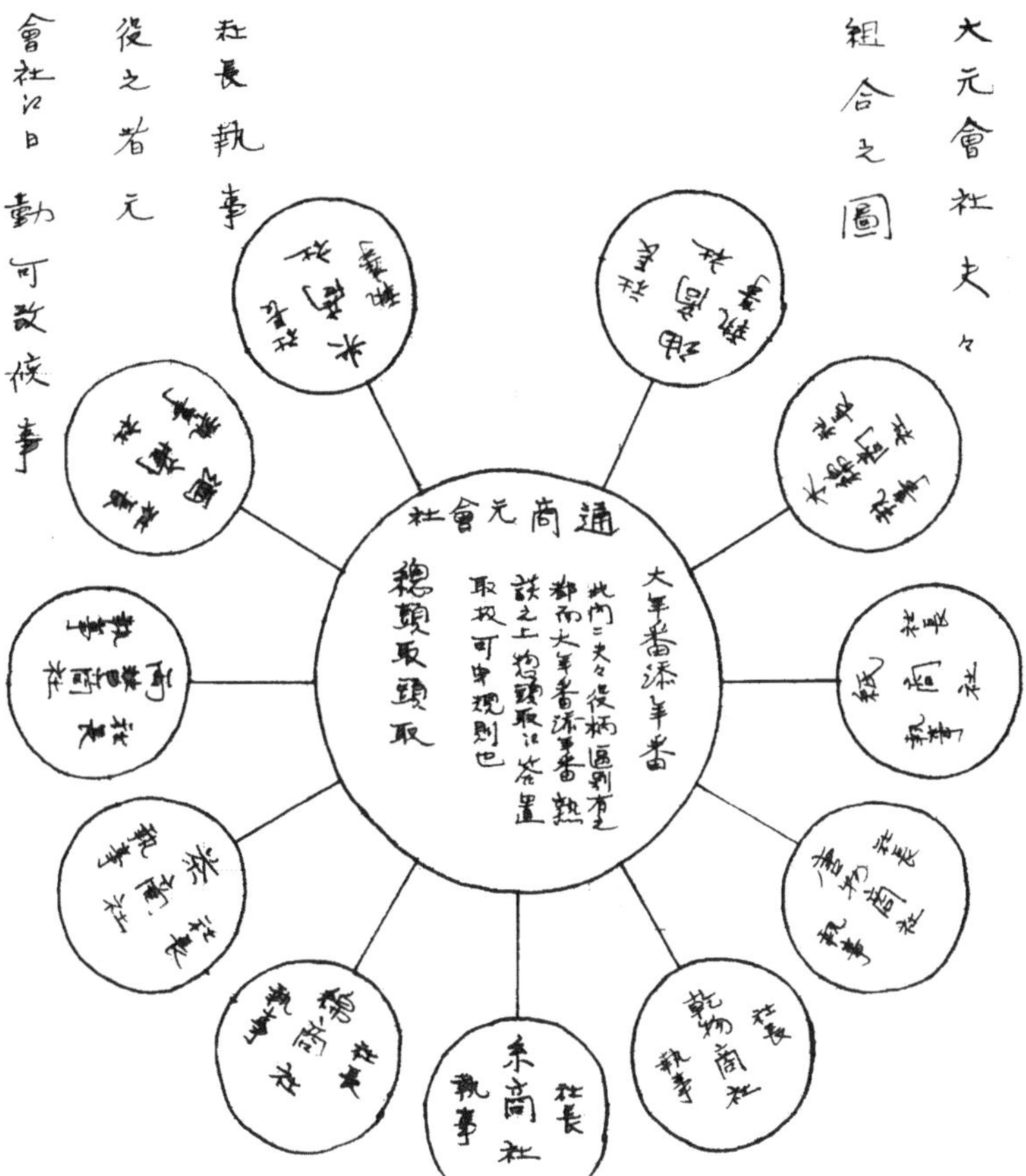
大元會社丈々組合之圖
社長執事役之者元會社江日勤可致候事
通商元會社
大年番添年番
此内ニ丈々役柄區別有之
都而大年番添年番熟
談之上惣頭取江答置
取扱可申規則也
總頭取
頭取
糸商社
社長
執事
乾物商社
社長
執事
綿商社
社長
執事
茶商社
社長
執事

第二図

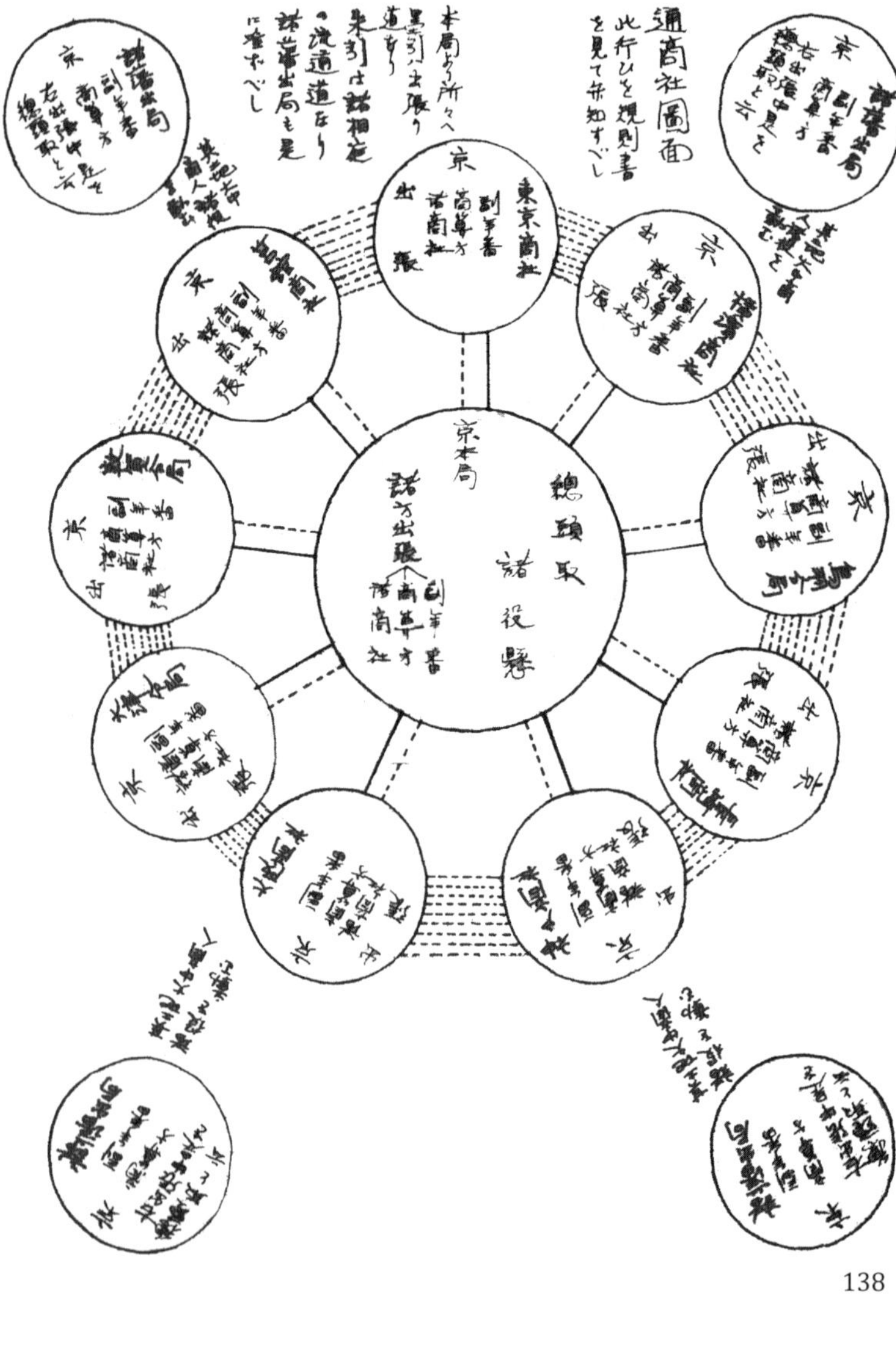

第三図

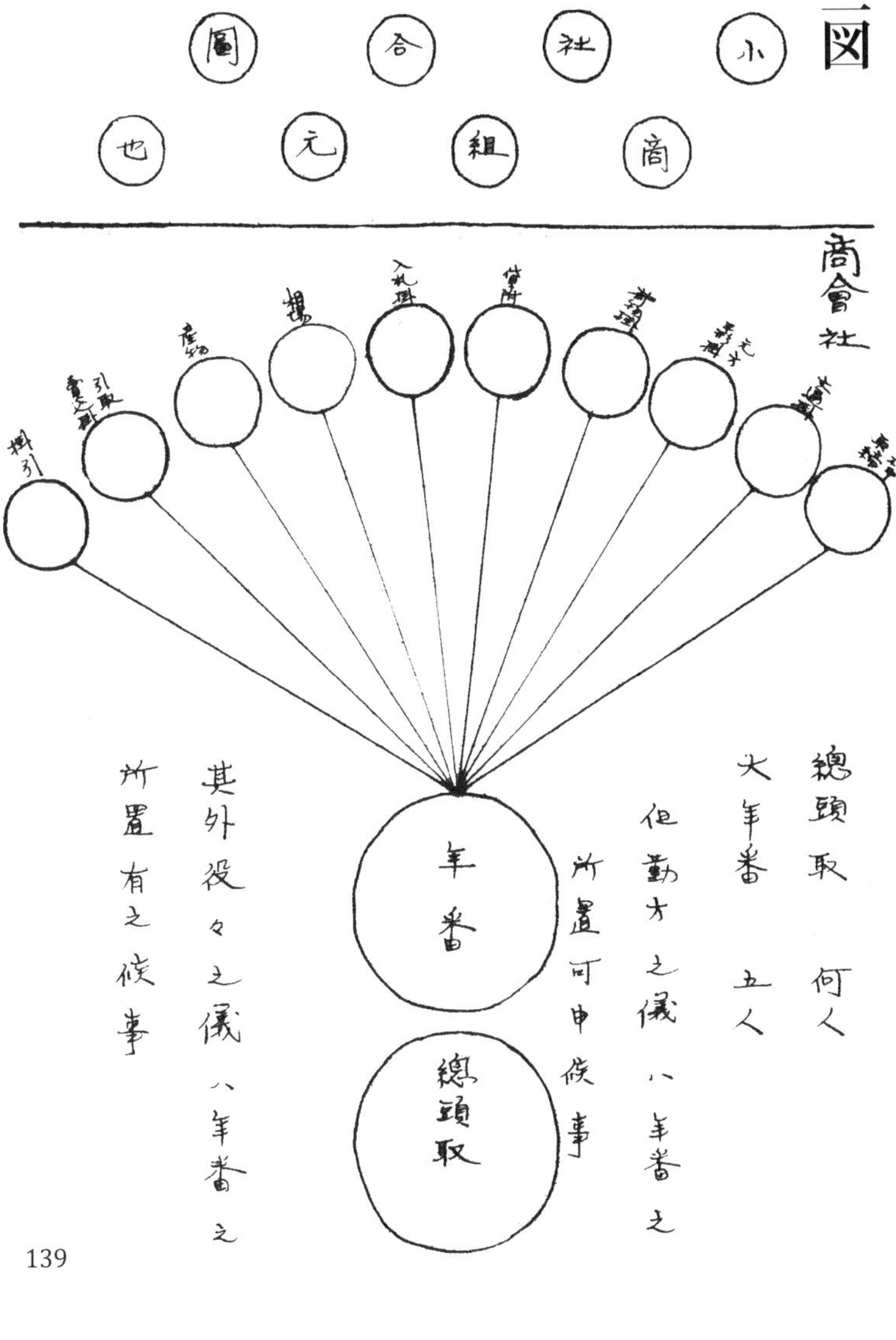
小
社
合
圖
商
組
元
也
商會社
年番
總頭取
總頭取　何人
大年番　五人
但勤方之儀ハ年番之
所置可申候事
其外役々之儀ハ年番之
所置有之候事

第四図

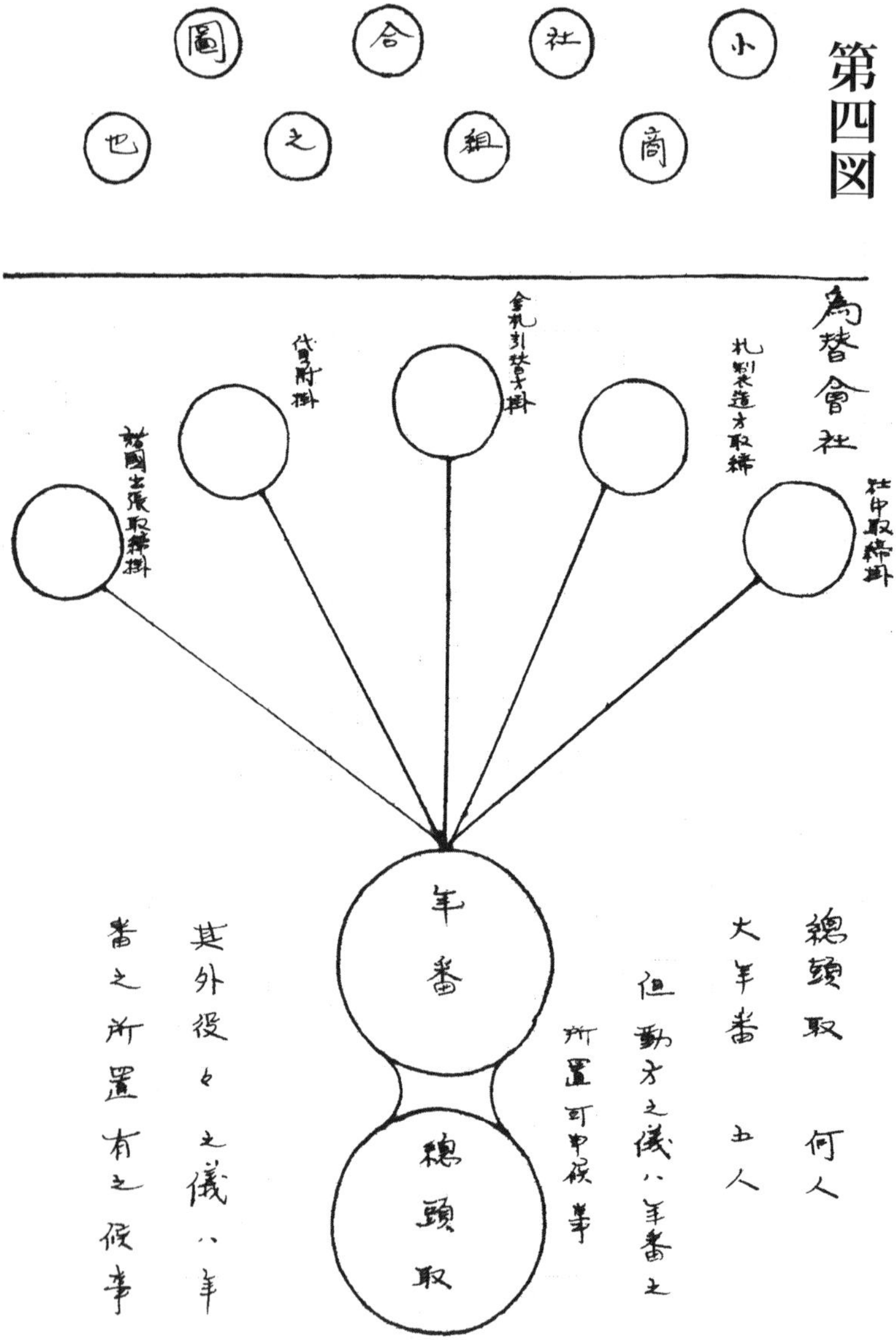
小商社組合之圖也
為替會社
社中取締掛
札製造方取締
金札引替方掛
諸國出張取締掛
年番
總頭取
總頭取　何人
大年番　五人
但勤方之儀ハ年番之所置可申候事
其外役々之儀ハ年番之所置有之候事

第五図

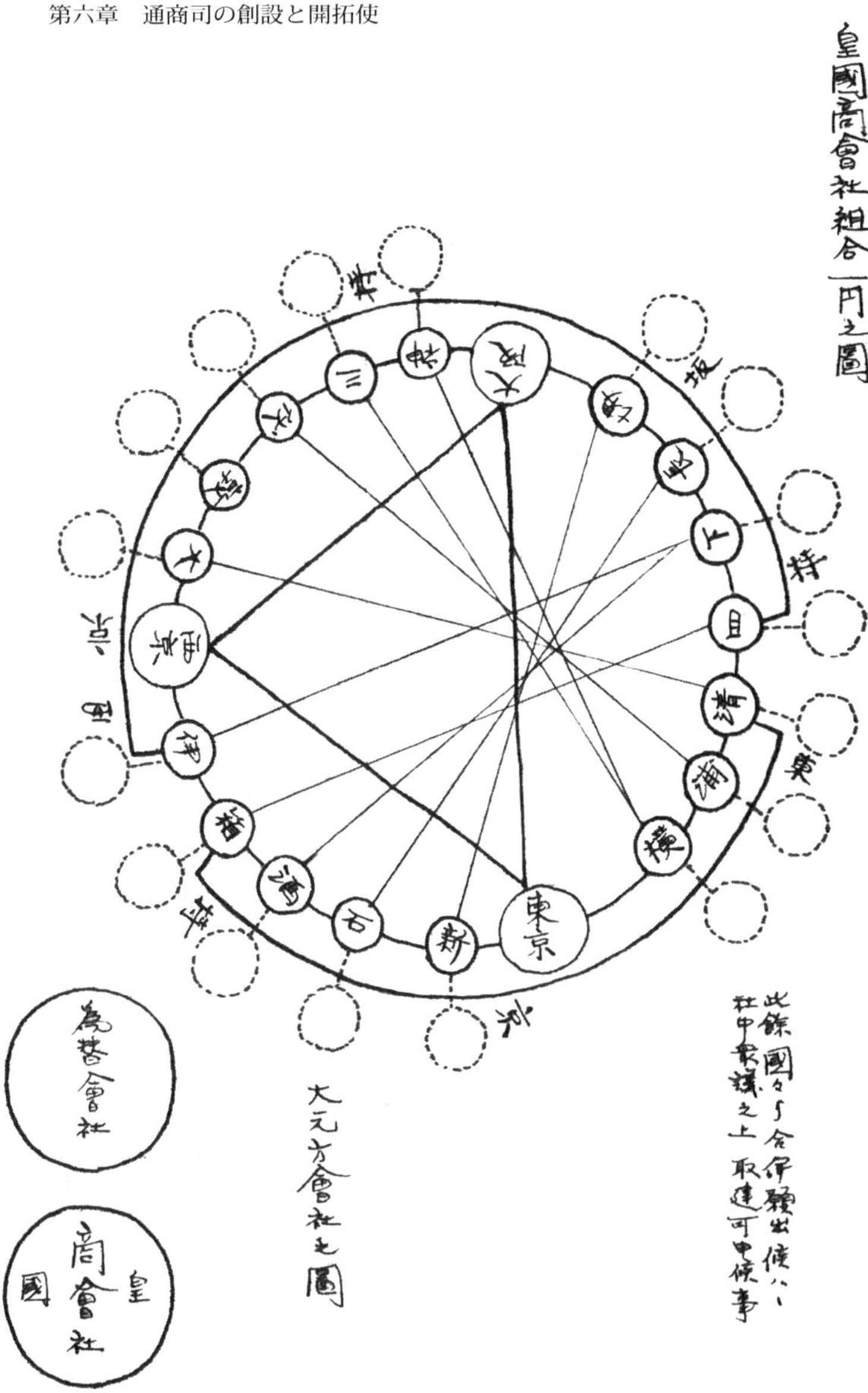
皇國商會社組合一円之圖
大阪
東京
西京
新
石
伊
上
目
此餘國々ゟ合併願出候ハヽ
社中衆議之上取建可申候事
大元方會社之圖
爲替會社
皇國商會社

✺図示法による両会社の総括的説明

右に挙げた五図は、これを主として他に二、三図を加えたものに、次のような説明書を添えて利左衛門が関係者に配ったものであるが、その説明書を読むと、充分に意味の徹底しない処もあるけれども、彼の頭の働きを知る点において誠に必要のものであるから、全文を挙げておく事にする。

この図の訳は東京、西京、大阪の大元会社各持場を分けて為替通商の両会社より三、四人宛出張し、この筋を引けるごとくその地不足の品はいずれの社にても注文あるいは出張その社中と相談して積とり、また我地にあふれたるものはその品不足の地何所社にても積送全国の弁・理と正路を第一とし、社毎に諸国の相場は勿論今何国、何品多く何は少しと、居ながら知り得て力をそへつ添るべし我国の生産をもって国内にして外国人が利を得る事なからしめ一州一身の慾情になづまず余れるをとって欠けたるを補一躰分身の商法たれば、おのずからその中に真の勝利を得る理なかるべし図中㊔○新潟より吹原とかあるいは高田等へ小商社の印也其社中は何事によらず新潟社にて引受くべき事外この例とおなじ図中朱の三角印は組合商社の外のものにしてその地限りの商会社等の形也諸図の商社と交通なければ尽力の実効おそかるべし

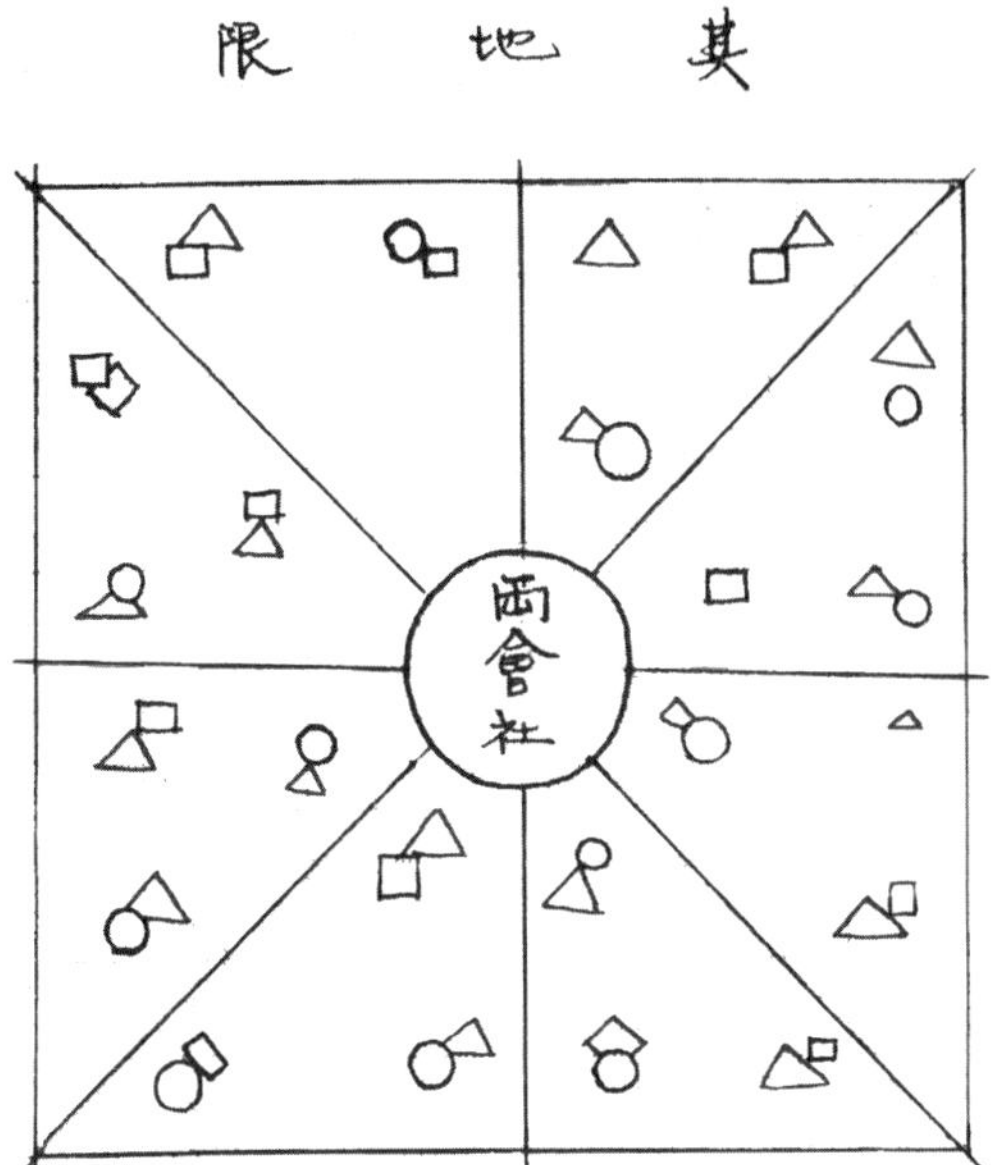

この図は前にもいう如く組合商社と●何●能筋にとも弁達するや一巳の商会社は暗に朱印どうしたがいに損益を争はんか通商会社とその国その地のために諸品沢物価平均金銀融通之自由をなさしめ全国の商人を盛大になるの法也（●印は不明の文字を示す）

午二月

通商司
両会社
総差配司
三野村利左衛門

✺両会社に生じた問題点とその改善策

かくのごとく利左衛門の案によって明治三（一八七〇）年二月には通商司両社の陣立ては出来上って、大いにその目的に向って突進する事になったが、これまでになるにはいろいろの問題が横たわっていたのである。

例えば為替会社は制限があるけれども、とにかく一般市民に低利の資金を融通して商業の繁栄策を計るのが目的であったが、当時市民の間に破産者が多いのでその実状を調査したところ、彼等は官金のための被害者であるという事が判明した。よって通商司において評議の結果、盲人共は鍼治、導引、琴、三絃を専ら家職としているけれども、多くの盲人は官金と称して金銭を貸付け、その利金をもって今日生計を立てているものが多く、その中には前に発布した御府令に背き、秘密に多大の高利を貪って融通しているものがあって、右の高利の金を借り受けたために益々苦しみを重ねて、遂には家産を失うものが続出するという、誠に哀れむべき事が多かった。

畢竟盲人共は自身で貸付けを扱い難ねるために世話方を召し抱えてあるから、自然高利になるわけである。しかれどもこれを絶対に禁止することは盲人共の生活を恐威することになるので、種々研究の結果、為替会社で預り金ならびに貸付方等を取り扱うようになったので、盲人共に限り利金は金百両に付一ヶ月一両一分宛の割合をもって下げ渡しするから、必ず為替会社へ御預けして、高利の金は貸さないようにすべしという御布令を出してもらうようにと、為替会社から政府へ申告した事などがあった。

このように一方では少しでも商人共に安い利息の資金を融通する事に務めたと同時に、通商司商社あるいは民部省通商司の名称をもって金券を発行し、あるいは横浜為替会社ならびに大阪為替会社においても金券を発行して、金員の融通を計って着々予定の事業の拡張に務めるとともに、傍系会社である郵便蒸気船会社、回漕会社、開墾会社等にも資金を融通してその事業を後援した。

✺回収不能金が増大し、会社は処分へ

しかれども過渡時代の国情は、余りに厖大すぎた通商司の事業を好運に導くには、時世がこの通商司を採り入れるのに少なからず進歩の度が遅れていた。また、主として大阪為替会社で取扱っていた貸付金は情実故意のために回収不能となり、各所の商社においても財界不況のために益々欠損が多くなる一方となった。そして当然利益が上らねばならぬ東京商社の相場所においても、

蠣売町に身元金その他面倒な束縛の無い別個の取引所が出来たために、その方へ顧客を奪われたような状態となって、これまた成績を充分に上げることが出来なかった。

直接事業関係の成績がかくのごとくであったから、それが前後策としては当然傍系会社である郵便蒸気船会社、回漕会社及び開墾会社に貸付けた資金の回収に取りかかるのは順序であったけれども、これまたそれら傍系会社では、無い袖は振れぬという結果をもたらした。そのために明治六(一八七三)年八月、太政大臣代理後藤象二郎、江藤新平の両参議が三府二港両会社処分案を作製の止むなきに立ち至った。その処分を示せば次のようである。

✺三府二港両会社処分案の大意

三府二港両会社は莫大の損失を生じ破産に至った。債務弁済にあたり、事業に従事の者ども、本来ならば各財産競売により処置致すべきが当然であるが、この事業は、要するに官府の誘導に起因して始められ、殊に当時は金札発行の際であり、また贋金が蔓延する時期でもあった中でのことであり、事業従事者も官府の融通計画について功労多少ともあった者どものことと思うと、情実において忍びがたい所故、大蔵省とも協議の上、(中略)、

立ち会い当初の事実等を厚く御斟量され、特別の典を以て、左の割合の通り上納金御容赦あるいは御下げ金に相成りとし、また株主共にもその力の耐えうる程度の損失で、各令解社、速

やかに最終決済月の相場所廃停、かつ発行金券も引き換え出来るよう御許可下されたく、別紙相添えお伺い申し上げます。

このように処分案の基本的な方針は、事業従事者に過大な負担にならないように配慮しており、具体的な各社について、京阪神戸会社には、「これまで貸し渡した金員の内、納め残し金十万円並びに大阪為替会社より旧藩への貸付金の内公債とした分とも全て下げ切りとする事」とか、横浜為替会社には「四万円上納致すべき事」という程度にするなどの内容になっていた。

右のようにこの通商司の事業は全国的であって、もし通商司関係の事業に破綻を来たすような事があれば、我国の財政上においてはもちろん、政治上においてもいかなる変動が起こるまいものでもないというような事から、通商司諸役はもちろん政府の要路者においても一方ならず心配して、これが前後策に腐心していたのである。

✺小野組破産の激震と利左衛門の苦しみ

明治六年の歳も暮れて七年も秋半ばとなったある日の夕暮、時の大蔵大輔井上馨氏が大蔵省退出後三井組に立寄られ、利左衛門を呼び出されて、小野はもう難しいからお前の方でも余程内部を手堅くせねばならぬと注意して帰られた。渋沢栄一氏などもこの小野組破産については、我国財界に及ぼす大影響を恐れて非常に心配したのであるが、利左衛門はこれを聞いて、「どうしても小野組を潰してはいかぬから、きっとそんな事はさせぬ故、安心なさい」という誠に気力ある決心を示したといって、渋沢子爵が感心されていたが、それ程利左衛門は小野組閉店破産という事に対して、身を捨てて奔走したのであって、彼の一生において一番苦しんだのはこの時であった。

すなわち、もし小野組破産の結末がうまく行かなければ、彼が今まで尽して来た三井組も小野組同様の憂き目を見る事はもちろん、通商司の事業の破綻を来たすと共に、延いては我国家を破産せしめなければならぬという大事を引き起こす事になる訳である。

その年十一月二十日、政府当事者を始め利左衛門の苦心も遂に報いられず、小野組破産という霹靂(へきれき)一声全国を震駭(しんがい)させ、財界は非常の動揺を果たした。そのために大蔵省は特に一局を設けて三野村利左衛門及び小野組の西村勘六（後に小野善右衛門と改む）の両人が主となって小野組の整理に当った。その際小野組の金庫には少しの現金もなく、残っておったものは過振手形の控のみであったという事である。

✺島田組も続いて破産し、通商会社・為替会社は解散へ

ところが間もなく島田組も休業するという事になったので、通商司総頭取三人の中、残るは三

井家を代表している三井八郎右衛門一人となった訳であって、かくのごとくなれば三井八郎右衛門名代にして通商司為替通商両社総差配司たる三野村利左衛門の責任苦心は、また実に大なりというべきであろう。

右のように総頭取三人の中二人まで破産あるいは休業するに至っては、為替会社としても閉社する以外に方法は無い事となった。しかれども五百円未満の預金には家禄奉還の士族が一時盗火の災を恐れ、確実の会社と心得ての預金したものが多いから、もし閉社して不払になるような事になれば、彼等士族は産業の道を失う事になり、のみならず上は朝廷に対し畏れ多く、下は奉還の士族に対し誠に申し訳ないという大事件が突発する事になるので、一同一方ならず心配をしたものである。

何しろ小野組閉店、島田組休業のために帝都における金融は全然閉鎖され商家の困窮は一通りでない際に当って、通商会社、為替会社が退転し加うるに郵便蒸気船会社、廻漕会社、開墾会社外、借主一同身代限り（破産）をするという事になったならば、未曽有の大事の突発は免れることが出来ないのである。しかれども上下一致して大事の突発する事なく漸く無事に解散する事を得たが、この通商司の事業と、次に述べる開墾会社の問題とは、利左衛門の事蹟中で一番彼を苦しめた事件であった。

2　開拓使

✺北海道開拓と三井

この節においては、開拓使証券をもって北海道の開拓に従事した開拓使の沿革と利左衛門との関係に付き、一言述べておかなければならない。

由来北海道の開拓問題は、早くも松平定信執政の寛政年間より始まった事であって、三井が幕府の御用命を承り北海道の経営事業に関連したのは、万延元（一八六〇）年十二月、御勘定所御用達を承っていた三井八郎右衛門が、函館役所付御為替御用達を仰せ付けられたのが嚆矢であった。その後幕府瓦解の日まで、蝦夷地産物の取扱その他露国との交渉に要する全員を調達用立てていたのであるが、王政復古するや明治政府は二（一八六九）年七月に開拓使を設け、同年八月には函館に生産方を置き、東京八丁堀に取扱所を取建てて、函館御用所と称し、ここにて蝦夷地の産物を取扱うことになった。

しかし、この物産の取扱方に付いては新政府樹立早々の出来事であったから、取りあえず旧幕府の遺法を踏襲するより外に道がなく、内地からの全員を函館の御用所に廻送して、その土地の請負人ならびに問屋出稼人に貸し付け、それらから上る生産物を収めて、出来高に相当の物産を東京の取扱所に廻送し、取扱所はこれを受取って売捌く事に成っていたのである。

すなわちこの方法は、新政府統治の下にこれら物産取扱法の新制度が敷かれるまでの中継作業であって、二年二月、先の節に詳述したところの通商司が設置されて、これら商業貿易の一般事務を管轄する事になるまで継続した。

✺通商司が創設されると、開拓使は通商司と合併

その後通商司が成立して蝦夷を北海道と改め、通商司と開拓使とが合併して東京明石町大川畔に産物取締会所を新築し、交代に相詰めて事務を執った。通商司はこの会所内に開拓御掛りを置き、通商司の隷属機関である函館商社を管理せしめて、今まで開拓使の函館生産方が扱っておった生産物の取扱をする事になったので、物産の価値入札決定には通商司、開拓使双方の官員が会所に出張調査することになった。

しかし売り捌き仕切金繰り替え渡し等の処分は商社が一手にこれを引受けることになり、その歩合金の分け方は、その物産に応じて商社規則で定められた税金を商社が引去った余りを、開拓使が領収する約束になっていた。

✺利左衛門、北海道開拓使御用達に

かくして北海道経営の準備の成った二年十二月、通商司は三井八郎右衛門名代三野村利左衛門を挙げて北海道物産総頭取としたが、開拓使は明治三（一八七〇）年三月、産物会所が通商司の手を離れ開拓使のみの管轄になるに及んで、始めて利左衛門を開拓使御用達に任命し、諸港枢要の場所へ産物取締会所を取り建てるに付き、下調べのため大阪その他の諸港へ出張を命じたのである。

その下調べの終るや同年五月、利左衛門は会所規則を作るとともに、開拓使はこれによって営業方針を定め、即刻実行運動に取りかかる事となり、開拓御掛りより御用達一同へ左記のごとき規則書と共に、申渡しがあった。いまここに併記してみよう。

開拓使北海道産物会所規則

一、会所は東京、大阪、兵庫、横浜、長崎、新潟、常州那珂湊、陸前石の巻、長州下ノ関、阿州撫養（むや）、その他諸港便宜の地撰定し、本使官員は便宜に随い最寄により見廻り兼務の事

一、会所無之場所は商社に而改の手數可相整尤商社無之場所は問屋の内身元人柄相撰用達申付取締為致候事

（以下　十三項略）

右条々に洩たる儀あらば追て記載すべしもし行うて不束の事あらば評議之上公平に改て論ずるの事なかれ

庚午（かのえうま）五月

申し渡

御用達一同へ

北海道産物取扱方についての規則書を下げ渡したので、その趣旨をよく心得て国々枢要の場所々々へ早速出張し取締ること。産物取扱肝煎（きもいり）については、その方共人選之上申し立てて会所において申し渡すべし

庚午五

開拓御掛り

東久世長官

岩村　判官

大橋権判官

藤井権監事

浅川大主典
（以下略）

✺大阪開拓使御用達の決定と御用掛総頭取に就任した利左衛門

そして大阪にも翌六月十六日付をもって東京と同様の御達文が下り、開拓使御用達には左の人々が選任された。

大阪開拓使
御用達
三井八郎右衛門
三井　元之助
小野　善助
島田八郎左衛門
同並　重掛り
綿屋　太右衛門
同並
近江屋　熊蔵

近江屋　宗七
布屋　和助
泉屋　勘兵衛

右之通り差し向い仰せ付けられ決定した。

六月十六日

右の通り開拓事業の御膳立てを完成した開拓使は諸港にある多くの御用達共を取締るため、さらに御用掛総頭取を設け、利左衛門ならびに利左衛門と常に行を同じうする稲垣次郎七の両人を挙げてその職に就かしめた。

✺三井組為換座発行の開拓使証券を流通させた利左衛門の思惑

ただしその事業遂行の資金は、三井組が貸付け御用を承って万事融通を計ることになり、三野村利左衛門と渋沢大蔵大丞（だいじょう）の両人が相談の下に、三井組為換座発行の証券を開拓使証券と命名して、山林原野の開拓生産物の売買に通用させたのであったが、何しろこれに付いては利左衛門と渋沢大蔵大丞、二人の計画によったのであるから、この証券を流通させる裏面には深い理由が存するものと考えられる。

すなわち当時の北海道には太政官紙幣がいまだ通用していて、この官札は前述した通り悪質のものであったから贋造紙幣も数多分散していたし、また旧家には手入らずの古金銀が貯蔵されてあって、新紙幣の流通には是非共これらを交換しなければ、新貨幣の価値も低落し、また開拓の目的も達する事が出来なくなるので、三井組は鋭意これら旧貨幣の回収を計ったのである。

三井組としてはもし証券が盛に通用すれば、開拓の業務が進捗しそれらから上る利益と、土地の開けるに連れて三井組の仕事が北海道全体にまで延びるという一挙両得であった。加うるにこの北海道は前人未踏の地多く、地味は肥沃であって地価は千坪五十銭で購う事が出来たので、今日数千町歩を独占すれば後日何等かの利益ともなる故に、遠謀家であり主家思いの利左衛門がこれを見遁すはずがなく、百八十万円の証券をもって、山林原野を伐り開き、土地払い下げの企図を密かに進めておったのである。

この為換座三井組発行証券の流通は、函館における三井組の店に異常なる盛況と繁忙を来したのであるが、由来共同事業はすべて物議を醸し易いものであって、この開拓事業もこの例に洩れなかった。

✺通商司と開拓使をめぐる問題とその収拾

すなわち早くも二年十二月、通商司の創設当時から諸産物の取扱を一手に引き受けた通商司が、北海道経営に当り四分税を徴収したが、この北海道産物税は開拓使に収納するのが当然であるのに通商司が横取りしたことになり、これでは通商司が二重に税の利益を得ているという不当さであったために、遂に開拓使と通商司は共同事業をする事が出来なくなり、三年三月、各自独立して事務を執る事になった。

よって開拓使は深川佐賀町に仮会所を取建てたのであるが、その後も通商司ならびに御用達商人共との間に、今度は会所規則の中の一割税につき錯雑した関係を生じ、外務省よりも開港場条令の定則に触れる故、今一度再考を要するとの忠告があった程である。

そして開拓使としても、ゆくゆくは改正して行く積りあるけれども、今のところ以上の税納でなければ立ち行かぬ有様で、一割税の配当率を四分は本使へ収納し、五分は問屋へ下付し、一分は積金として世話役の給料及び用達手代共の手当にあて、事業を進めて行ったのであるが、とかくの世論が喧（かまびす）しく起ったため、四年十月、ひとまず整理の必要に迫られ諸港出入の諸税三ヶ年間免除の辞令を発したのである。これによってこれまでの税金を貸付係りで精算する事にしたが、売買未済を口実にして滞納する者が意外に多く、漸く六年に至って収集を終えた。従って証券もこれと前後して回収の上、正金と引換えをしたのである。

＊

その後通商司の退転後も、開拓使は独り北海道の開拓に尽力し、利左衛門また函館の店に腹心の少壮社員を配して開拓使を助けしめ、経費の不足を補填する一方、荷為替を開始したため函館の店は日々に隆盛に赴いたが、かくのごとく各方面において、不時の準備が出来ていたため、前述したるが如き幾多の危機に面しても、よく三井家をして存続せしむる事を得たのである。

第七章

開墾会社設立

✺いかなる理由で開墾会社は設立されたのか

三野村利左衛門の事業の中で全然失敗に終ったと世間で言われているのは、小金ヶ原開墾すなわち開墾会社の事業でる。しかし、これを精査して見てみると決して利左衛門の失策ということにはならないのである。

そこで順を追ってこの事業を見ていこう。

小金ヶ原開墾事業を述べるに就いて、まず第一に考えて見なければならない事は、いかなる理由で開墾会社が設立されたか、という事である。

徳川慶喜が大政を奉還して慶応は明治と改められ、引き続いて江戸を東京と改称し、都を東京に遷すこととなったが、この遷都の大業は直ちには実行されなかった。その理由は、幕府が滅びても江戸における旗本ならびに各藩浪人あるいは窮民の始末の目算が立たず、御東幸になっても不安があるという事であった。これについては御東幸副総督三条実美公が明治元年九月六日、岩倉公に送られた書簡中に明らかに現れている。

またこの書簡では「活計」（生活の計）に尽き果てた「旗下」（旗本ならびに各藩浪人）の暴動の心配にも言及し、これは徳川に下げ渡す七十万石があれば、解決「可成」とある。しかもこうした対策はあらかじめ旧幕閣勝房州らと談判し、「周旋努力」の約束取り付けたことが記されている。「御出輦（しゅつれん）」「御東幸」（天皇の出発、東京遷都）は遅滞なくということになる。

✺三条公が岩倉公に送った書簡（大意）

聖念を被為注候様奉願候、さて御東幸の儀も　当府旗本始末窮民扶助の目算相立候はば　御出輦も可被遊趣　委曲北島香川より承候　旗下処置の儀は徳川領地七十万石を全く下賜り候はば可成　扶育の道も可相立畢竟は活計尽果候より暴動を企候徒に御座候ば　其道さへ有之候得ば　徳川家に責を帰し屹度鎮撫之策も可有之　評議相決し過日阿州邸に勝房州山岡鐵太郎ら相招大久保江藤も同席にて段々談判にも相成候処　七十万石現地御引渡被下候はば屹度鎮撫尽力　可　仕旨確に御請も申上　候　趣に御座候間　遠州一圓参河十万石合して七十万石下賜候者引渡申候多分是れにて始末も相付可申と存候　内々　承　候　処勝房州らも大に周旋努力　仕　候よしに御座候間　必鎮静可仕候間　御安心被遊候様奉願候

三条公の右の意見は直ちに採用されて、徳川氏には七十万石に相当する太政官札七十万両を下げ渡し、武士町民を問わず窮民に対しては授産場を設け、あるいは彼等を東京から離して職を与える方針の下に小金ヶ原ならびに印旛沼開墾という事業を計画するに至ったのである。

✺徳川氏の爆発物残置の危惧から、町火消しが江戸城を精査

一方江戸城に対しては明け渡しに際して何か危険な手段を講じてはないであろうかという疑念

から、御東幸準備として城の内外を精査する事になった。その一方法としては、江戸中の町火消を交代に徴発して土木事業を始めたが、それは隅から隅まで土を掘り返させては中止して、また次に移るという遣り方で、徴発された火消共は何の目的によってこのような無駄な仕事をさせるのかと不審に思っていた。ところが徴発が解除されて後に判明したことであるが、この工事は別に江戸城の改修をなすためではなくて、徳川氏が江戸城明け渡しに際して地雷火を布設して立ち退いたという噂があったので、是非とも御東幸前にその有無を取調べる必要があり、これを行うについては、もし誤れば人命を失う事になるから決死的覚悟がなければ出来ない訳である。

ここにおいて政府の主脳者が種々苦心して案を練った結果、その人々がかつて一藩主あるいは一藩士として江戸に参勤交代していた際、三一（さんぴん）共と悪罵を浴びせかけた町火消を犠牲にするのが当を得ているという訳で、町火消が地雷火踏みの際どい仕事にこき仕われたという事であったので、流石生粋の江戸っ子として得意になっていた彼等火消連も、この事実を後で聞いて色を失って震え上ったという事である。

これは当時地雷火踏みをやった老人から私が直接聞いた話である。

✺小金ヶ原開墾事業の想源は幕政期に失敗した印旛沼開墾

次に政府が小金ヶ原開墾事業を起して、窮民共を下総の原野へ送る事になった動機について少し考えてみたいと思う。

印旛沼開墾は享保九（一七二四）年幕府勘定所の井沢氏の計画したのが最初であって、その案によれば平戸より検見川まで九千三百八十四間を掘り割り、三十万両余の予算をもって平戸村染谷源右衛門に請負を命じたが、果たす事が出来ずに彼は破産をした。

第二次は天明五（一七八五）年、田沼氏が老中の時に工を起して、花島、柏井間の掘割りを始め、三分の二の工程をもって急に中止され、天保十（一八三九）年には老中水野侯外五侯が出費して、最後の掘割り工事を計画し十四年十月に至ったが、水野越前守の信任が厚くこの工事の万端を委任されていた鳥居甲斐守に不正が露顕し、越前守は老中を辞し、鳥居甲斐守は京極長門へ御預け、渋川六蔵は稲葉昌太郎へ御預け、金田小三郎は遠島、石川時之進、浜中三右衛門は御扶持方取放し、御金改役後藤三右衛門は死罪という大事件が突発した。ために、この印旛沼開墾事業も遂に中止のやむなきに至ったのである。

✺死罪を言い渡された後藤三右衛門

この事件で死罪を言い渡された後藤三右衛門は、金座後藤第十三代であって、信州飯田の蝋燭屋に生まれ、後に後藤家に入籍して破産に瀕していた後藤の家を旧に復した程の手腕があったのみならず、学識もまた深く、国士的気分をもって事を処理していたのである。それ故老中水野越前守等の内政の正鵠を得ざる事を遺憾とし、再三幕府に建白書を提出したというような人物であった。ところが水野越前守の臣下には林家の二男で佞奸（ねいかん）の評世に高き鳥居甲斐守がいたので、非常に三右衛門を憎み、高野長英、渡辺崋山、高嶋秋帆等を陥れた筆法をもって三右衛門をも陥れようと、その機会を窺っていたのである。

そのような折たまたま彼等が、三度目の印旛沼開墾事業を起こすに当たり、後藤三右衛門を苦しめる意味においてまず十四万両の御用金を命じ、間もなく再び御用金の追加を命じたところ、三右衛門は断然これを拒絶したためにますます越前守始め鳥居等の憎しみを重ねるに至った。この際に至って三右衛門の建白書が基礎となって越前守以下の処罰となり、三右衛門は幕政を非難した罪と甲斐守等の捲込み、同罪の両者をもって遂に死罪という事になり、弘化二（一八四五）年十月四日切腹したのである。

✺大隈重信らに開墾を建議した利左衛門と西村七右衛門の関係

明治政府が東京における武士町人の別を問わず、総ての窮民を救済する意味において、また東京を立ち退かせるために授産の道を講ずる事となり、結局下総原野ならびに印旛沼開墾の計画を立てて、窮民共をその地方へ送る事になった事は、前に述べた通りであるが、政府が下総原野開墾ということを思いついたのは、前に述べた幕府の印旛沼開墾からヒントを得たもので、この計画の主体となった人々は、議定官参与大隈四位、大木民平、会計官判事江藤五位等鍋島藩の連中であり、これらの連中に下総開墾を建議したのは、三野村利左衛門ならびに西村七右衛門であったのである。

いかなる訳で右のような人々によって小金ヶ原その他諸牧開墾事業が計画されたかという点については、次に述べるような複雑な深い関係が潜んでいたのである。話が少し混み入るけれども是非述べて置きたいと思う。

✺七右衛門と肥前藩との親密な関係

利左衛門と前記諸侯とが親密である事は前章に述べた通りであるが、西村七右衛門と肥前藩諸氏との間柄もまた左記のような事情で親密であったのである。

すなわち徳川幕府が横浜を開港するや諸国の商人が横浜に集って貿易を始めたが、肥前からも肥前屋小助という商人が出て来て、西村七右衛門外一名と共同で肥前屋小助の屋号をもって手広く貿易を始めた。その上、肥前屋の店の二階は立派に作られてあったために、佐賀の藩主はもちろん、藩士に至るまで参勤交代その他の用務で東海道を上下する時には、必ずこの肥前屋の二階が本陣ならびに定宿となったのであるから、肥前屋の共同経営者の一員たる西村七右衛門と鍋島藩の人々との交渉が出来るのは当然の事である。然るに七右衛門が余り総ての事に辛辣であったために、肥前屋小助外一名は後難を恐れて脱退して国に逃げ帰ってしまったので、その後肥前屋は七右衛門一個の経営となったが、名称は依然として肥前屋小助を用いていた。なお彼の辛辣であった一例を挙げれば、次のような事実がある。

そもそも西村の江戸の店の職業は種油、干鰯(ほしか)等を取扱っていたが、横浜において肥前屋の一員として活躍していた際に、米国商館との間に水油の取引が出来、商館の支配人との受渡しを済ましたところが、商館では船の都合から一時水油を入庫する事になった。程経て船に積み込もうとして、再びこの水油を支配人が検査したところ、表面に水滴の浮んでいるのを見て不思議に思い、一樽汲み出して見た。すると一斗樽の水油の中、七升は水で三升が油である事が判明した。

それ故支配人は大いに怒り七右衛門を呼びつけて詰問した際、七右衛門は契約書に水油としてある故に少しの不思議もない訳であると弁解したために、ますます支配人は激怒して彼にピストルを差し向けた。しかし彼は胸をはだけて、ピストル恐るるに足らず撃つべしと従容として色を変えなかった。これを見た支配人は手にしたピストルを投げ捨て、好漢なるかなと笑って事なきを得たというような話が残されているが、この一事にでも彼の性格がよく現れていると思う。

とにかく七右衛門は共同者が逃げ出しても肥前屋小助の名前で貿易を営んでいたから、鍋島藩の人々は前と少しも変わらずに肥前屋に足繁く通ったので、ますます七右衛門と鍋島藩士との親密の度は深くなったのである。

✺金座後藤三右衛門と七右衛門の親密な関係

一方天保十四年の疑獄に連座した金座後藤と七右衛門とは、これまた密接の関係があったのである。すなわち七右衛門が武蔵埼玉郡の一農夫の倅として西村家の婿養子となり、いろいろの事業を始めたけれども、その時分から彼の性格として山気が多く辛辣であったために、失敗の度を重ねていた。ところが七右衛門の計り知られざる胆力のある性質と、国士肌の後藤三右衛門の性質とは相通ずる所があると見えて、三右衛門と七右衛門とはかなり親密であって、親分子分あるいは兄弟分のような関係となっていたために、七右衛門が失敗するたびに三右衛門が補助をしていたという事であり、後には七右衛門の長女キノには後藤家に奉公していた佐平を婿にし、二女ヒデには後藤の横浜店に務めていた七兵衛を婿にした上、三女ヤスは三右衛門の次男三七郎の妻としたというような、切っても切れぬ間柄となってしまっていたのである。それ故後藤三右衛門が弘化二（一八四五）年、死罪になった事と深い関係のある印旛沼開墾事業などに対する知識は、七右衛門にはかなり深くあったようである。

✺下総開墾事業を企図した七右衛門と利左衛門の関係

また三野村利左衛門は諸国流浪の旅から江戸に足を踏み入れ、まず最初に草鞋（わらじ）を脱いだ所は西村七右衛門の店であった。それ故七右衛門と利左衛門は主従の関係があったので、後藤家の尽力により利左衛門が両替屋を始めたり、勘定所役人達と親密になってそれがために出世の緒を得たのである。

このように実に複雑な関係からして、七右衛門が利左衛門を説きつけて共に両人が親交のある、大隈、大木、江藤等の窮民授産の意志を下総原野開墾事業に向けさせたという事も、想像するに難しからずという事が出来ようと思う。また利左衛門の性格として、主筋に当たる西村七右衛門の意志を尊重するという事も当然であって、結局下総原野開墾という動機は、西村七右衛門から出発しているという事が出来るのである。

✺下総原野開墾の布告発令

右のような事情によって下総原野開墾事業が始められる事になり、第一着手として下総国内小金、佐倉両牧より始めて印旛沼、手賀沼掘割り、第二着手として九十九里海岸線干潟開墾を計画し、明治二（一八六九）年、民部省内に開墾局を設け、東京府権大参事北島秀朝を局長に採用すると同時に、次のような意味の下総国牧々原野開墾御布告の発令があった。

下総原野開墾布告を出した趣意は、この維新の大改革のためににわかに無籍無産となった窮民が多いから、これをそのままに放置して置く時にはいかなる大事が起こるとも計り得ないによって、これら無籍無産の窮民救助の方策を講ずる事になった。しかし今、政府としては到底これら窮民に対して充分の手を尽くす訳にいかないから、東京における富有の人々に国恩に報ゆる意志があるならば窮民授産の合力を志願して欲しい。そうすれば下総国牧々において窮民土着の土地を預け任ずるであろう。

これら窮民を引き受け救助授産の世話をするものを富民と称し、自力をもって原野を新開するものを力民と号し、衣食住、金穀、農具すべて他人の合力を受けるものを窮民と号して富民の小作人たるべき事。

右のような趣旨によって東京における富民の代表団体たる東京商社の主だった人々が、この開墾事業を政府援助の下に行う事になったのである。

✺利左衛門は開墾事業計画を提出、三井八郎右衛門が開墾会社総頭取に

開墾会社設立の命を受けた人々の代表者は、明治二（一八六九）年三月に小金ヶ原を実査し、七年計画案を作成して政府に意見書を提出した。その意見書の差出人筆頭は商社総頭取三井八郎右衛門名代三野村利左衛門であった。

次いで五月十九日、東京府より三井八郎右衛門に開墾会社総頭取の仰せ渡しがあり、引き続き

榎並屋正兵衛、紀伊国屋太兵衛、奴屋彦吉、巴屋泰助、河内屋善四郎、伊勢屋清左衛門、大野屋五右衛門、西村七右衛門、加太八兵衛等に対しては、開墾会社頭取の申し付けがあった。ここにおいて開墾会社は設立された事になるのであるから、直ちに開墾会社役所建設の必要に迫られたけれども、差し当り東京商社内御殿を修繕して、そこに仮役所を設ける事となり、五月二十五日から東京府より大長北島五位、調役村上由郎、同齋藤源之丞の三人が毎日出張して事務を執る事となった。

そして総頭取三井八郎右衛門の名代は三野村利左衛門が受け継いでいたから、開墾会社の総ての重要書類文書には、必ず利左衛門の名前が代表してあったので、世間では開墾会社は利左衛門が万事に参画したものであると誤解するようになったのも致し方のない事ではあったが、実は名義のみと言っても差し支えのない関係であったのである。

こうして開墾会社が設立されるや、目代、頭取、肝煎(きもいり)が寄り合い、開墾方策の協議を行い、五月には十四ヶ条の開墾手続伺書を提出した。その内容は開墾地における知事の待遇、野馬の始末、開墾工事は、まず小金ヶ原の開墾を始め、その後に印旛沼の開墾に手を着けた方がよろしい等というような事が記されてある。

✺窮民授産開墾規則に従って開墾会社は活動

続いて八月には窮民授産開墾規則というものが開墾局から発表になった。その綱目を挙げれば次のようである。

一、東京府内窮民授産所置の事
一、下総国牧々近在窮民より開墾加入を願い出た者を所置の事
一、自分の金穀をもって開墾加入を願い出た者を所置の事
一、開墾仕方ならびに心得方の事
一、拝借金の事
一、窮民授産ならびに開墾入費償方の事
一、富民不慮の危難に遭遇した時の進退の事
一、会社役人選挙の事
一、一旦士籍を脱した者は帯剣してはならない事
一、会社中の者に悪事あるときは所置の事　　　以上

開墾会社はこの授産開墾規則に従って活動する事となり、太政官紙幣二十万両を拝借して事業資金としたのである。これより着々準備を進め、秋頃になって大体膳立てが出来上がったので、十月東京府から左のような触れを発布して開墾地行きの窮民を募集した。

当府下は従前より人々が四方より集まる群衆の地にして、ややもすれば永久の産業を打ち捨て、気ままに今日を送る悪しき習慣有り。したがって戸籍人別外の者少なからず。特に御一新来の変遷を受けて、あるいは主家に離れ、住所を失った者もこれまたあるであろう。これらの者今日に至り、生計の道尽き果て老幼婦女道路にさまよい、必至切迫の様相である。ついては先般深き御趣意をもって下総国牧地開墾を仰せ出され、今日に至りようよう手順も立てられた事なので、男女取束ね、一万人程も追々当府より彼地へ移住土着致させ、別紙大意の規則書の通り持久の産業を営ませる事なので、無籍無産にて右開墾志願の者は直ちに東京府戸籍改役所へ願い出ること。ただし町人別の者にても必死活計の道差し支え同様に志願の者は、その支配の年寄へ申し立てるべし。取調の上、前書の開墾場へ差し遣られる事

右の趣、町中洩らさず触れ知らすべし

巳十月　　　　東京府

✺募集者に対する作業所や教責場を開設

この布令によって追々と集って来る者が多くなって来たので、開墾地に移住せしめるまで一時力役に馴れさせるために、役所の近傍にあった藤堂家中屋敷、土州家中屋敷、備前家中屋敷等を一番邸、二番邸、三番邸と称してここに東京授産場なるものを設け、種々の労務に従事させた。

ここで出来たものの名前を挙げると、小倉鼻緒地、白元結、黒元結、水引、蝋燭（ろうそく）、蒟蒻（こんにゃく）、刻み昆布、雲斎織、白木綿、炭団（たどん）、紙帳、日除、敷紙、古釘直し、天徳等であった。

開墾会社が最初に収容を予定した窮民は職禄に離れた武士であったけれども、後には一般の者をも収容するように変更されたために、集って来る者の中には無頼遊情の徒はかなり多かったので、掛りの役人もこの監督指導には一方ならぬ苦心を要し、授産場の内に教責場を設けて規則を破る者を収容する事にした。

✹原野に送られた窮民数、開墾予定耕地の坪数及び受持者

こうしている内に追々と開墾地の準備が整って来たので、明治二（一八六九）年末から徐々に授産場に収容されている窮民共を開墾地に送り始めた。二年より三（一八七〇）年十月末までに原野に送り込まれた人数を記せば次の通りである。

一、千百五十人	三百十一竈（かまど）（世帯）	東葛飾郡中野牧	初富送り
一、五百十四人	百三十七竈	同　　　牧	五香送り
一、五百二十七人	百三十二竈	同　　　牧	六実送り
一、五百四十七人	百五十九竈	同　郡下野牧	二和送り
一、六百十四人	百六十四竈	同　　　牧	三咲送り

一、四百八十二人　百三十一竈　東葛飾郡上野牧　豊四季送り
一、六百四十七人　百八十四竈　印旛郡門野牧　七栄送り
一、千六百八十八人　四百三十四竈　印旛郡柳沢牧　八街送り
総計六千百六十九人

当時開墾会社が開墾すべく予定していた耕地及びその坪数ならびに受持人名を挙げれば次の通りであるけれども、坪数に至っては何しろ栗荊等が生い茂っていた放牧場の事であるから正確な数字を出したものは無いが、一番正確と思う三井文庫所蔵実測図から坪数を挙げておこうと思う。

一、初富　二三四六九八二坪　大村　五左衛門
加太　八兵衛
湯浅　七左衛門
一、五香・六実　一二七四〇五五坪　田中　佐次兵衛
小栗　吉右衛門
増田　喜十郎
一、二和　七三九七九七坪　星野　清左衛門
一、三咲　八四六一六三坪　西村　郡司

一、豊四季　一七四五三三三坪　三井組

中村　庄兵衛

吉田　善四郎

下山　太兵衛

嶋田　八郎左衛門

林　留右衛門

吉村　甚兵衛

上野　四郎左衛門

瀬部　太郎左衛門

一、七栄　不明

一、八街

一番　一〇五〇六七六坪

元木　清兵衛

野口　庄三郎

村井　彌兵衛

谷野　佐八郎

二番　二〇六〇二二二坪

饗庭　八兵衛

伊藤　喜助

村田　吉右衛門
谷口　庄蔵
大久保　源兵衛
西村　郡司
坂江　吉右衛門
大鐘　品吉
森岡　平右衛門
山口　武兵衛
神田　太助
松本　喜三郎
脇坂　助右衛門
松田　喜右衛門
西村　郡司
林　久兵衛
黒野　太兵衛
中沢　彦吉

三番　二〇二五七二五坪
四番　一三〇五五八〇坪
五番　一二一一四七二坪
西林裏飛地　一〇九六二三坪
一、九美上　一一四三七三五坪

一、十倉　　　　　約二〇〇〇〇〇坪　榎本　六兵衛
一、十余一　　　　三五二〇九七坪　西村　郡司
一、十余二　　　一七九三七八六坪　三井組
一、十余三　　　　三三五七二八坪
　　　　一番　　　　　　　　　　中沢　彦吉
　　　　二番　　　　　　　　　　半田　久蔵
　　　　三番　　　　　　　　　　小野　善助

✺窮民取扱規則

これら開墾地における窮民の取扱については、種々の規則を定めて、それに準拠する事になっていたのである。すなわち、

開墾地は六十歳以下十三歳以上で、農耕し得る窮民一人に付きまず五反五畝歩を与え、内五畝歩は屋敷地にしたもので、その人の出精のいかにより三町歩迄は与える事が出来る事。

これら開墾に従事するものは、開墾中一人一日白米五合宛貸渡し、返納方は六ヶ年無年貢にて農事を営み、十ヶ年中に返納すべき事。

最初から賃銀等を取って活計を立て持地を開墾するものは、始めより地主と成り得る事。

最初窮民に与える反別は五反五畝であって、会社としてはその外に三町歩宛の地所を準備してあって、もし窮民が初め与えられた五反五畝を開墾した上、さらに地所を望む者に対しては三町歩迄は割与え得る事。

窮民は割り当てられた反別以外に、それの一割五分の地を耕して会社に世話料として提供する義務がある事。

会社員は己れの引受けた原野に、窮民一人に付き会社が準備している耕地三町歩を与えられる代りに三ヶ年後において、その三ヶ年の代償として窮民一人につき三十両を、一ヶ年五両宛六ヶ年賦で出金する義務のある事。

開墾希望のもので、会社の補助を受けずに自分で開墾するものは、開墾しただけの耕地は直ちに本人の所有とする事。

✺予定以上の応募者、痩せ地を野馬堤が囲む開墾地

右が開墾規則の大体の要点であるが、最初は政府、会社においても希望者が少ないであろうと見越して、是非とも五、六千人位の予定数に達せしめようとして、東京在住の窮民のみならず、地方の住民でも希望者には各々特典を与えると大々的に宣伝したのである。そのために三町歩の地所が欲しさに参加する者があるかと思えば、耕しただけ自分のものになると聞いて、先祖代々

の田畑を売り移住申込みをする者が出て来て、近くは埼玉、遠くは岐阜辺りから来た者もあったという盛況で、遂には予定の倍数程の人数が集ったためにその処置に苦しみ、五反五畝以上の地所は与える事が出来ないというような有様となった。

この開墾地たるや野馬堤が周囲に廻らされてあって、赤地と称する灰のような地面に、一面に栗荊の類が生い繁っていたのを切り払ったのみで農舎を建てて窮民を収容し、窮民は農舎を根拠として与えられた原野を開墾して麦粟を蒔いたのである。

✺事業失敗と三つの主な原因

右に述べたように開墾会社は窮民授産ならびに開墾事業を行うには、莫大な費用と労力を費しているし、窮民、力民共は星を戴いて鋤鍬（すきくわ）を手に小屋を出で、月に送られて帰途に就き、雨の日も風の日もなまける事なく怠る事なく立働いたけれども、結局はこの事業は失敗するに至ってしまった。その原因を考えて見るに、大体次のような点が重なる原因としてあげられる。

一、強風の災害をしばしば受けた事

この開墾地たるや古来より放牧場であって、赤地と称する灰のような痩せ地であったから、そこに生えているものは栗荊の外に何も無く、また水とても所々の谷に僅かに溜っているというにすぎず、そのような砂漠に等しい地面が数里に入り交じっておるのであるから、少しも風を遮る物がないのである。

そのような有様であったから、移住して間も無い明治三（一八七〇）年八月ならびに九月の両度に襲来した台風は仮小屋の如き農舎を吹き倒し、灰の如き開墾早々の牧地に播かれた麦粟を吹き飛ばしたために、前途の希望に輝きながら働いていた移住民共の精神上に根本からの失望を与えた。その後においても風害はしばしば襲来したために、開墾会社の当時者はもちろん、暑熱の日も雪の夜も破衣粗食に甘んじて血のような汗を流し、着々効を積まんとしていた移住民共は、只々天を仰ぎ耕地を眺めて嘆息するのみであったという事である。

二、移住民の大半の性質が開墾に適さなかった事

下総原野に送られた窮民の大部分は前にも再々述べた通り、東京において一定の職業を持たずにいた浮浪人だの、廃藩置県のため職を失った武士共であった。武士は何とかして将来の生活安泰の道を立てなくてはならないと思って、今まで握った事のない鋤鍬を竹刀代りに持って戦場に出たつもりで立働くのであるけれども、少しも開墾が捗らず、その上扶助米は間もなく下げ渡されない事になるし、耕した耕地からは少しも作物が穫れないという有様であった。そのために今までの汗の結晶を見捨てて、夜逃げ同様に開墾地を退散

する者が続出するかと思えば、武士は喰わねど高楊枝式に餓死する者も少なくはなく、曲りなりにも踏み止まっていたものは僅かの人数に過ぎなかったのである。

一方、浮浪人の窮民共は生来が遊惰の民であるから、扶助米を給与されている間はただなす事もなく暮し、与えられた耕地の開墾等は少しもなさずに、巡廻役人の目を盗んでは昼寝ばかりしていたという情況であったから、この開墾事業の成功は到底覚束ないという事は明らかであった。ただ一番馬鹿を見たのは近郷近在を始め、遠くは埼玉地方から三町五段を与えるという事を過信し、先祖伝来の家屋敷を売り払って移住して、相当の成績を挙げる事の出来た農民共であった。

三、会社の財政上に破綻を来したる事

前項に述べたように東京から送られた窮民の大部分は、遊手無頼の徒でなければ、両刀をさしはさんでいた武士であったから、耕作に馴れず、労働には耐えかね、その上周囲より一家を挙げて移住した農夫共でも、その耕作地は地味が痩薄(やせうす)で荒漠の原野であったので、風の障害が多くて開墾は進捗せず、年貢の収入思いもよらず、その上役員中に一、二の野心家があって、自己の都合の良い事ばかり行っていたために、会社の出費が嵩んで五十余万両の大金を消費してしまった。のみならず明治七（一八七四）年小野組の破産は、開墾

会社の財政上に直接の打撃を与えたばかりではなく、開墾会社と密接の関係にあった東京商社も深く影響を受けてしまって、破産の状態に立ち至ったために、商社より資金の融通を受けておった郵便蒸気船会社、廻漕会社はもちろん、開墾会社に対しても貸金の督促が甚だしくなって来て、結局開墾会社としては、抵当物件を提供する以外に何等の方法もないという状態に陥ってしまったのである。

✺西村七右衛門、市岡晋一郎ら役員の悪辣行為も失敗の要因

右に挙げた三ヶ条は開墾事業の不成功に終った主因であるが、現場における開墾会社の事業を左右していた総頭取格の西村七右衛門始め、利左衛門の名代として三井家の担当地に出張していた市岡晋市郎のごとき人物が、悪辣なる手段を講じて窮民等を苦しめたという事実も、また見逃す事の出来ない開墾事業失敗の一要素を成しているものであろうと思う。

三野村利左衛門は三井八郎右衛門名代として開墾会社の最高地位にあったけれども、前にも述べた通り実地の支配を行ったのは横浜における肥前屋の経営と同様に、ある野心をもって肥前藩の有力者を動かし下総開墾事業の計画を立てた西村七右衛門である。彼はこの開墾事業によって西村家の永久の基礎を確立しようと計画しておったのであるから、収支償わぬ開墾事業の上においてもそのごとき計画であたったので、当然あらゆる悪辣な方法を講じなければ成功は覚束ない

訳である。また一方、市岡晋市郎は会社に対しては彼の都合いい報告をなしつつ、随分西村に劣らざる悪辣極まる手段を講じたのである。

こうした人物が開墾会社の役員中にあったために、その後訴訟事件勃発、その他複雑なる問題が矢継ぎ早に突発した結果として、開墾会社の名義人である利左衛門は彼等役員の犠牲となって、開墾事業不成功の責任を一身に負うに至ったのである。もし彼等悪質役員の行った政策の跡を探ねる時には、次のような事実が出てくるのであり、この結果が利左衛門の死後に至るまで永い間の大問題となった訳である。

明治二（一八六九）年、開墾会社が設立されるや、西村郡司（七右衛門改名）は頭取に選ばれ大いに開墾に尽力したが、彼は常に「余は金性なる故最後は土性に親しむが通則なる故、開墾事業はその最も望む所なり」と壮語していた程で、この開墾事業においても前述したごとく、営利の外には何者も認めない彼の排他的根性は枚挙するに暇のない位であって、次にその一、二の特例を掲げて見よう。

彼の持分の開墾地は三咲、八街三番、同西林、十余一であったが、開墾地における窮民の中の無頼漢の処分や、地券御譲渡の際、印旛県庁への願書提出に三井の名代となって、会社解散後、移住窮民救助に際しては嶋田の名代を勤め、下総国開墾場旧牧々鋤下年期年増については三咲村の農民の総代となっている等、会社の利を謀ると共に私利を窺っているさまが見える。また開墾会社は商社に金員を返済する方法につき、彼一人の来会を待って評議の決定を見たごときは、開墾会社に対する彼の権力が絶大であって、どれ程まで自由に開墾会社を引き回しておったかという事が知られる。

次にまた、開墾会社が解散後、彼が三井から引き受けた小間子牧は鍋島家の嘱望する所となり、大隈重信の仲介によって鍋島家に譲与したが、その後郡司は牧に生えておる樹木の伐採を始めたのである。そこで鍋島家では大いに激昂して郡司に抗議を申し込んだ所、郡司は鍋島家がいかに激昂しても契約書に芝地とあって樹木の売買の事項を記さず、故に樹木は売り渡したるに非ずと抗弁し、伐採を止めなかったので、鍋島家も郡司の言動に呆れ果て、立木は西村家に提供するから根まで掘り取り芝地として渡すべしと主張し、両者は互いに争って、遂には銃火をもって相見えんとする気配を示した程であったが、ようやく隣接町村の有力者の調停によって無事解決することが出来た。この際地所売買の仲介者なる大隈重信は非常に当惑し、その後大隈と西村との間が疎遠になったという事である。

また西村郡司の横浜の店である肥前屋の二階に大隈重信が寄食していた当時から、顕官の地位を得るまで郡司と重信は親交を続けていて、何かと西村の仕事に重信は世話を焼いてくれたのであるが、その恩義をさへ顧り見ぬ排他的な郡司が、窮民に対して百円の金を貸すのに天引二割で貸し与え、証文は百円の額面とした等は推量に余りありというべきである。故に窮民は西村を極度に恨み、自分が死んだなら西村の方へ頭を向けて埋めてくれ、そうすれば西村を祟り殺してやると遺言して死んで行った者があったが、その後郡司が愛猫に噛まれた傷が原因で死亡した時、窮民共は彼のために酷使され惨死して行った人々の怨念の然らしむる所である、と言い伝えて来たという事である。

彼郡司と並び称された市岡晋市郎は大青田に太神宮を移したものであるが、前述したように会社には媚びて窮民には苛酷に振る舞い、開墾人達からもし彼が善人であったならば、小金佐倉両牧の開墾は成功疑いなしとまで言われていた程で、桜井三七郎と共に窮民、力民等の開拓した土地を大隈、青木等に転売し、ために窮民等の憎悪の的となり、彼の二人の子供はそのために東京に隠遁し、某大官の袖下にかくまって貰わなければ、一身の安泰を謀る事が出来なくなったという始末であった。

市岡から土地を買い取った青木子爵の下で働いていた宮本昌覚はもと山番であったが、青木に取り入ってからにわかに豪奢を極め、開拓地を勝手に区画して家を建て、当然窮民の所有物である麦などの強奪を常習としていた。

✺唯一の事業成功例、脇坂耕地の場合

このように開墾の実相は会社の手代の横暴によって窮民に開墾の素志を鈍らせ、ひいては会社の解散とまでなったのであるが、とは言え開墾会社員が皆が皆まで前述したような野心家ばかりではなかった事を記さなければならない。そのためには、開墾が不成功に終った中のただ一人の成功者たる脇坂耕地の有様を挙げておこう。

脇坂耕地は八街五番飛地であって持分は五十余町歩で自作農であった。管理者は駿河屋助右衛門三男鉄三郎で、当時三歳であって、支配人浅井清次郎が万事を切り盛りしていて、雇人に対し仕事は寸暇なく与えられたが、耐えられない程の労働は強いなかった。

そして開墾当初から三、四年後には開墾地に要する総ての経費を差し引いて、一ヶ年百円宛東京の脇坂家へ届けたが、このように収支を償い、加うるに利益をさえ見たのは開墾地中、脇坂耕地のみであって、いかに支配人浅井氏の手腕が諸人に優れておったかという事を知る事が出来よう。

✺開墾会社解散から利左衛門への予期せぬ糾弾、そして急逝

右にも述べた通り一部の開墾会社社員が野望と不慮の天災等によって、事業の進捗を阻まれた小金ヶ原開墾授産事業も、明治五（一八七二）年に至ると金融の逼迫も伴い、全く前途の望を失って、解散しなければいかんともなす事が出来ない破目に陥ってしまった。

　ここにおいて三井以下の役員は協議の結果、開墾事業の大立物であり総頭取名代の役にあった三野村利左衛門は借財の整理を始めた。まず開墾資金として借り入れた為換会社からの借用金は、開墾地における会社の所有地面を社員に配当し、これら社員からその引き受けた町歩に相当の代償を提出させたものをもって返済する事に定めた。また三井組から開墾費の中へ用立てた二万円に対しては、小間子牧を一万七千三百円の価格で野馬立木諸共に三井組に落札させた形式をもって代償として差し出したが、なお小間子牧の評価を差し引いた不足金二千七百円ならびに利金と合計七千七百円は、十余二牧五百九十町歩を、一反歩一円と見做して引き受けさせる事にした。それから東京からの移住窮民に対しては土地家屋道具を下げ切りにし、御受証文を差し出させて向後一際会社との関係を絶ち、独立農夫とする大英断によって解社する旨を政府に言上したところ、五年四月、大蔵大輔井上馨から

（前文略）
今般出格の御穿議をもって願意承届候是迄移住の窮民共へ家作その他の貸与物は断然遣わし切りの上独立農夫と致すべし云々

という御許可書が下り、これによって会社は開墾基金二十万円の返納を免除され、小間子牧を立木野馬諸共貰い受けた上、移住の窮民には今日迄に貸与された家屋飯米はもちろん、耕作地五反五畝歩をも下げ渡し切りにして、会社の手を離れて独立するについては、今後会社に迷惑を掛け

嘆願等はしないという契約書を入れさせる事にし、不成功ながら会社は解散の幕を下してしまったのである。

利左衛門は右に述べたように開墾会社整理案を樹立の上、現場の常務に当っていた西村（七右衛門改）郡司その他の社員ならびに三井組の現場名代たる市岡晋市郎等に前後処理を一任したのである。

ところが利左衛門の整理案はこれら現場の諸役人共の曲用する所となったために、移住民共の不平が勃発し、利左衛門の深川の邸宅へ不平の張本人であった初富の江本万蔵その他の陳情員が押し掛けるような騒ぎが始って来たのである。利左衛門も事の意外な展開に驚き、この前後策に頭を非常に悩ましたのであったが、余りの過労のために明治十（一八七七）年、この問題解決の曙光を見る事を得ずして、遂に深川の邸に永眠されてしまった。

利左衛門の急逝によりこの騒動は、あたかも手綱を断ち切った猛牛が荒れ狂うような有様となって、その止まる所を推知する事は出来なくなった。

✺騒動の発端は不良社員による開拓民の土地家屋転売

次にその騒動の大略を簡単に記しておこう。

明治五年開墾会社が解散を決定するや、開墾局は東京府より印旛県に移され、翌年印旛県が廃止されるや千葉県庁がこれに代って管轄の任に当った。また土地家屋下げ切りの恩典に浴した開墾人一同は、与えられた五反五畝によって生活し、あるいは会社の所有地を小作していたのであるが、ここに奇怪極まりない一事件が惹き起こされたのである。その事件というのは政府の命令をもって開墾会社が施行したはずである開墾人の地所を、一部の会社員が己れの自由にしたという事であった。十余二村における高野いね一家の境遇等は、この事件を物語るに最も顕著な例であろうと思う。

高野いねの家は武州埼玉に相当の生計を立てていたものであるが、三町三反ならびに開墾しただけの地所は開墾者に与えるものである、と小金ヶ原開墾人募集の御触れを解釈し、郷里の家屋敷を売り払い、一家を挙げてこの地に移住して来たのであった。

前にも述べた通りその移住当時の開墾地はボサと栗の木が茂っていたもので、いねの一家は移住するや雨の日も風の日もくじける事なく寝食を忘れて草を刈り、木の根を掘り起して、己等の永住の地をここに求めようと努力したものである。その努力の結果は三町四反を耕す事を得たのであるが、会社側の桜井三七郎、宮本昌覚等は、せっかく高野の一家が汗と血とをもって作り上げた開墾地はもちろん、住宅の建てられている所まで転売してしまったのである。

この高野いね一家のような憂目に会った者は各所に散在しており、このような一部の不良社員があったために大問題が頻発し、騒擾化され、ただでさえ不成功に陥っていた開墾事業の最後に対しても、大なる汚点を記す事になった。誠に遺憾極りない次第である。

✺嘆願陳情の被害者は検束・拘留、残った女子は婦人陳情団結成

これら開墾地転売被害の嘆願陳情のために、千葉県庁あるいは東京に出て直接政府に当った者は初めは男子であったが、警察の圧迫烈しく、拘留の処分を受けたものが大部分であって、遂には中心人物を失うに至ったのである。しかもその上、家に残った妻子にはますます周囲からの圧迫が烈しくなって来たので、女子供の細腕では到底生活の安定は得る事が出来ないと観念し、婦人陳情隊を組織して政府に直接の陳情を図る事になった。

北初富の江本万蔵妻てつ、十余二村高野いねのごときは婦人陳情団の発頭人となって、これが連合達成のために、各開墾地間を昼夜の別なく歩き回って尽力した。

これら女軍はまず第一に内務省に押し寄せたのである。ところが内務省では、再々開墾人に対して呼び出し状を発したけれども一員たりとも出頭せずして、このような騒擾に近き陳情をなすというのはいかなる理由であるか、と反対に説諭を受けるような有様であった。しかしこのために、内務省から出した呼出し状が県庁あるいは会社において止められているという事が判明したので、会社ならびに県庁の横暴さに窮民方はますます気勢を上げ、天朝様から与えられた土地を下役人ならびに会社員に横領されたのであるから、直接天朝様に御願すべきである、と再び婦人

陳情隊が繰り出して、坂下門に押し寄せた事があった。この時江本てつは、臨月の腹を抱えて女軍の先頭に立っていたために、遂に坂下門前において出産したという悲喜劇が演じられた。
その後高野いねの一家の耕した地所は、青木子爵から松平家へ譲り渡されるや、松平家においてはその事情を憐れみ、宅地だけは高野に対し与えられたという事である。

✺苦しめられた開拓民、徳川から明治と根本的に失敗した開墾事業

右に述べたような複雑なる問題が原因となって、千葉県庁が開墾会社に下げ渡した地券状に対する開墾民の所有権確保のための新地券状下附願い事件や、最高審判にまで争った小作料差入れ等の諸問題が続発した事は、前に述べた開墾失敗の原因三ヶ条が根本を成しているのであって、そこにいわゆる三百代言的の人物が飛び出して来て、会社と窮民の間を泳ぎ回り漁夫の利を占めようとしたために、総ての問題を長引かせると共にますます事件の複雑化を導く事になったのである。

例えば彼等は甘言をもって開墾民より金員を無理強いすると共に、会社方からもまた相当な内密金を支出せしめていたもので、彼等が開墾民から金銭を出させる時には、今回の訴訟は自分達が尽力したために大いに有利となったから、その運動費を出せと言って無理強いに開墾民より運動費と称するものを支出させ、また時期を置いて、今回は訴訟がこれこれの事情によって不利に

なって来たから、しかじかの運動をこの際起さなければ開墾民の敗訴になる。そうなると今迄の苦心は水泡に帰するので運動費を提供せよというように、全然法律上の知識の無い開墾民から血と汗の結晶を吸い取り、故意に問題を長引かせる事に努めたのである。

その結果は開墾民の意志が充分に当路者に通じず、開墾民の真の目的を達する事が出来なかったばかりでなく、再々の運動費支出のためにこの運動に関係していた開墾民のほとんど全部が財産を失い、自分の地所を二束三文で売り払って離散するまでに至ってしまった。

怜悧な者共は、一部のためにする仲間ならびに運動する商売人が、最初の運動の目的を変更して私腹を肥やさんとするようになったという事を感知し、初よりまたは中途より運動から手を引いたが、これらの人々は与えられた家屋敷も汗水流して作り上げた僅かばかりの財産も、失う事はなかったのである。

現在開墾地に永住している移住民の大部分は、これらの先見の明があった人々の子孫である。その後この天下を揺るがせた騒動は明治三十（一八九七）年頃まで訴訟事件として残されていたが、結局有耶無耶（うやむや）の中に葬られる事となった。

終りに一言しておきたいのは、この下総原野沼沢における開墾事業は、いかなる因果が巡っていったか知らないけれども、徳川時代においても三回も計画されながら総て失敗に帰し、また明治政府となって大々に起こした今回の開墾事業も、遂に根本から失敗に終ったという事は、誠に不思議であると言わねばならない。

第八章

銀行開設

✺小野組破産の大恐慌で急務となった商業、金融の立て直し

すでに前第六章に述べた通り、政府は明治初年における我国内の商業と金融振興の衝に当たらせるために通商司なる一機関を設け、この下に通商会社、為替会社の二社を置き、この通商会社によって商業を興し、国内物価の平均円滑を計ると共に、為替会社によって金融の不自由なきことを企図したが、徳川幕府の瓦解期から連年引き続いていた国内の不景気と小野組の破産事件は、当時の我国経済界に大恐慌をもたらしたのみならず、通商、為替両会社の事業にも異常なる大打撃を及ぼし、そのため両会社は退転を余儀なくされ、二社に付随していた郵便蒸気船会社、回漕会社、貿易商社も枕を並べて倒れたのみならず、開墾会社もまた前章に詳述した通り、この余波を受け不成功に終らなければならない運命に立ち至ってしまったのである。

そしてこれら諸事業に携わって通商司のために昼夜の別なく悪戦苦闘を続け、これが中堅となって国運の隆盛挽回に余念なかったのは三井組御用所であって、この御用所の大任を双肩に担っていたのは三野村利左衛門その人であった。

利左衛門はかねてから、小野組が破産するような事があれば我国経済界に大影響を与え、ひいては明治政府の前途に暗影を投じて、不慮の大事件の突発もあり得ることを憂へ、いかにしても小野組は潰してはならぬと政府当局者と提携し、その前後策に腐心しつつ昼夜の別なく奔走していたのである。しかし残念ながらその功報いられずして遂に小野組は破産し、続いて島田組も休

業すると共に通商司関係の諸事業も、相次いで閉鎖解社の止むなきに立ち至るという有様となった。ここにおいて利左衛門は大混乱に陥った我国経済界の立直し策を責任上急遽樹立する必要に迫られた。その結果生まれ出たのが、第一国立銀行ならびに三井銀行の開設である。すなわちこの事件は、大三井の基礎を確立した利左衛門の最後の奮闘となるものである。

✺旧幕時代の実績で三井は東京を本拠に新政府の公金取扱業務

そもそも三井が銀行を開設するまでの系路は、遠く延宝（一六七三〜一六八一）、天和（一六八一〜一六八四）の両替屋時代にまで遡らねばならぬが、初めて時の為政者の依頼により為替御用を承ったのは、元禄四（一六九一）年の事である。それから連綿不断、慶応二（一八六六）年に至って利左衛門が抜擢登用された時には、中店において為替御用ならびに御金御用が執り扱われていたのであるが、慶応三（一八六七）年になると官軍方からも御用があって、同年十二月二十六日京都において、三井三郎助が金穀出納所御用を仰せ付けられた。これが為替方三井組の発端である。

次いで明治元（一八六八）年には算数に暗い武人が事務を執っていたために、勘定あって銭足らずの有様であった会計事務局の出納事務を、小野、島田両組と共に三井組が取り扱う事となって、会計官御為替方と称し、旧幕府御用を離れて、初めて明治新政府の公金取扱御用を勤めることとなったのである。

しかるに当時鋳造した通貨は、旧幕府時代同様の悪貨であったために贋金が横行して新政府の貨幣の品位は下落し、この結果はまたしても新政府崩壊の暗示をなすものではないであろうかと、国民が危惧の念を起こすようになった。ここにおいて政府は、純正画一の新貨鋳造の緊要を感じ、大阪に造幣局を設けて三井八郎右衛門、同次郎右衛門に対し、新貨幣為換座御用の名称の下に造幣寮御用を仰せ付けられた。主としての御用は新貨と地金銀との交換、地金銀の回送であって、御用為換座と唱え、次いで三都の横浜、神戸、函館にも同座を設けると共に、東京を本拠とし、旧幕府時代の金銀座と同一視された。

✺利左衛門、三井家大改革を八郎衛門に建議

これより先、御一新以来政情はもちろん、市井の状況は猫の目のように変化が甚しく、ために商人達は一瞬たりとも落ち着いている事が出来なかったのである。大三井においてもやはり時世の変遷に伴う影響は免れず、このままで家業を進めていたならば破産を嘆く事は明らかな事実である。ここにおいて三井家の組立方の改正の急務なるを感知した利左衛門は、八郎右衛門に大改革の必要なることを建議したところ、直ちに採用されることとなり、三都重役連と協議の末、今まで三井の総本部は京都に置かれていたけれども、京都はそのままにして新たに政体の中心地となった東京に総本部を移すと同時に、三井八郎右衛門は東京に転住するというように陣容を整え、

その他の規則も新時代に順応するように改められた。

この際、今まで大元方において取り扱って来た総ての御用金一件は、一切御用所為換座において承る事となり、本店ならびに糸店、紅店、売込店は三井家の手を離れて新たに三越家を設けて事務を担当させると共に、井桁三文字紋を除くほかは、屋号、暖簾（のれん）に何れを用いる事の自由を与え、本店は呉服業に専念させる事にした。これら利左衛門の計らいはその後小野、島田両組が破綻を来たし、明治初期の財界に希有の暗影を投じた際、よく前者の轍を踏ませる事なく九死の窮境より三井家を救ったのである。

✺三井組御用所、三井組バンク創立願書を大蔵省に提出

前にも再三述べた通り、政府はある事業を始めるについて充分な基礎を作って掛からないために、その事業が一寸でも躓けば根本からの動揺を来たすのが常であったが、これすなわち国庫の充実ということが欠けていたためである。それ故政府は国庫の充実を計るということに常に腐心をしていて、これが目的を遂行するために最初太政官札を発行して失敗し、次に新貨幣の発行に失敗したので、今回は有力なる民間実業家をして正金引換の紙幣を発行せしめる事となって、それが撰に当ったのが紙幣発行の基礎が充実していた三井組御用所であった。

これというのも全く利左衛門に先見の明があって、前述したように、早くに三井の基礎を組立

て直しておいたためであって、すなわち三井組が為換座御用を承った時、政府よりさらに三井組に対して貨幣交換流通の便利を計るため、東京その他の地において真正の銀行を組織するよう心掛け尽力すべしという諭達があった。

その時、三井家は前述した通り利左衛門の建言によって金融業を一手に引き受ける準備が全く整っていたので、この諭達に接するや直ちに真正の銀行の創立に着手し、一円、五円、十円、二十円の證券総高百五十万円乃至二百万円と、これに対して七割五分の正貨を貯え、政府の紙幣と同様に流通させる案を立て、明治四（一八七一）年七月、三井組バンク創立願書を名代三野村利左衛門の名によって大蔵省に提出したのである。

この創立願書こそ我国最初の銀行創立願書であるから、次にその全文を掲げておこう。

この度同苗中申し合わせ東京府下及各開港場において銀行開業いたし追々ヨーロッパ及アメリカ等成熟之良法を斟酌いたし真成確実之営業をいたし、いささか流通之便利をたすけるよういたしたく志願にございます。ついては銀行必要之真貨兌換の証券を製造いたしそのおり発行するよう仕度いたしますので、何卒お許し下されたくお願い申し上げます。依而証券注文員数ならびに発行手続証券雛形を相添えお願い申し上げます。以上

明治四年辛未七月

御為換座三井総頭
八郎右衛門名代
三野村利左衛門

大蔵省御中

これに対し同年八月大蔵省は太政官の准許を経て左のごとき指令を三井組に対し申し渡した。

書面の趣聞届けました。金券之件は当省より米国滞留の官員へ申し届け同国において製造方を取り計い成功到着の上渡すこととします。

よって三井バンクとして日本橋区内海運橋畔に地を選び、五階建西洋館を建築したが、これが新東京名所の一つとなった三井組ハウスである。今ここに当時の有様を明らかにするため明治五年正月発行の日要新聞の記事を載せて見よう。

東京三井組為換座を海運橋の東に創建せり。その結構すべて海外にならい五層鉄柱にして極奇観たり。上棟の日、もちごめ百石、滅金（めっき）文久銭千貫文を投げ、また材木町一、二丁目、坂本町植木店、茅場町、青物町、万町等毎戸へ分配した。ところで建築費はおよそ五万両の由、府下盛大に随い豪富競って模造せば彼開化に誇れる国にも劣らざるに至らん

✺為換座三井組が大蔵省兌換証券を発行する旨の布告（三井札）

当時廟堂では米国の国立銀行制度の採用説が有力となったために、政府は三井組に下付した先の指令を取消して、改めて明治四（一八七一）年十月ならびに五年一月の両度に大蔵省正金兌換証券及び開拓使証券として十円、五円、一円、五十銭、二十銭、十銭の六種を為換座三井組より発行せしめることにし、左のごとき布告を出したのであるが、この大蔵省兌換証券と開拓使証券は共通のものであったのである。

布告（大意）

今般為換座三井組へ申付政府在来の古金銀を引当とし、おおよそ三百万円正金引換十円、五円、一円三種の証券を製造し、来る十五日より発行致し海関税を除外、租税その他の上納物日用公払の取引に至るまで、すべて正金同様に通用せしめます。もっとも右紙幣は新貨鋳造の高に応じ引揚げるはずではあるが、もし差し当りさしせまって正金引換方望み出でる者は、何時でも三井組において在来二分判をもって引換えるので諸氏少しの疑念なく従前の金札同

様、互いに通用致すべくこの件伝え置きます。

ここにおいて三井組は為換座の竣工を待たず明治四（一八七一）年十月、十円、五円、一円の証券三種、総額三百万円を発行し、次いで明治五年正月にはこれが補助紙幣として五十銭、二十銭、十銭の小券を製造した。すなわち世に言い伝える所の三井札である。

そしてこれらの証券の通用期間は新貨幣鋳造までにして、新貨幣鋳造の暁には漸次引き揚げを断行し、もしその間に正金希望の者には、三井組で在来発行の二分判をもって交換することに定めてあった。

✺三井、小野両組は連署で組合銀行創立願書を提出

ここに至って顧みると、政府が発行した札は太政官紙幣、民部省札、大蔵省兌換証券、開拓使証券の数種に上り、、発行高も多額で余り役立たない姿を市井に曝しているので、政府としても責任上これを整理しなければならぬ破目に陥ってしまっていたのである。しかし前にも述べた通り、国庫金欠乏の政府にはこれらの紙幣を回収する財力もなく、それ故民間富豪の資本を借りなければいかんともする事が出来なかったために、当時政府の御用を承っており、縁故も浅からざる三井、小野両家と計り、ここに官民合同の銀行を建て、財界の整理をすることになったのである。

明治五（一八七二）年五月、三井、小野両組の代表者が井上大蔵大輔の私邸に招かれ、バンクを取建て、組合で銀行業を勤めて貰いたいという相談があった。この交渉は主として利左衛門が専ら当り、種々談合の結果、三井、小野両家の身代の取調書を差し出して、直ちにバンクを開く事に決定したために、五年六月、三井、小野両組は連署して左の如き組合銀行の創立願書を紙幣寮に提出したのである。

その大意は次の如し。

御一新以降私共両組共政府御為替方仰せつけられ金銭為替ならびに出納その外臨時御用向等滞りなくつとめてまいりましたこと、ありがたき幸せと存じております。目下の状況について恐れながら推察しますに、追々外国御交際も御更張あらせられ専富強之根軸御着目相なり、流通之利便、物産之繁殖等、万般御掌握あらせられておられます。付いては、差し向き真正之銀行御創立之儀もっとも御急務の事と存じます。そのために、先頃私共両組共各々特別にて銀行開業之儀件お願い致しましたが、尚塾考致しまして、所詮一身一個の独力をもって各自その業を営むようにては終には共倒れの心配もあり、ことに卑見非才加うるに微薄の財力にて大業成立は覚束なく、（中略）このたび両組共全面協力致しまして、さしあたり金二百万円を目的に致し確実之銀行を共立仕度存じます。もっとも右創立に付ては追々組合を望む者も有りますので、尚順序をもって株主相募り、かつ今後増高之見込も有りますので、金五百万円の合集を満たしたく存じます。（中略）何卒右願之通御許可下されたくお願い申し上げます。また右銀行御許し之上は、従来務めております為替方はもちろん、その外臨時御用向共すべて共立之銀行へ仰せ付けられ、これまで通りの全力でご奉仕致します。西京、大阪、横浜、神戸、長崎、新潟、函館、その他枢要の地へも、それぞれ出店取り設け諸為替向、少しの滞りもなく内外之流通御便利相成りますよう、お仕え致します。この件お願い申し上げます。

壬申六月

小野　善右衛門　印
小野　善太郎　印
小野　善次郎　印
小野　善助　印
三井　元之助　印
三井　次郎左衛門　印
三井　三郎助　印
三井　八郎右衛門　印

紙幣御寮

✺組合銀行への政府大官と三井組幹部の思惑

しかしながら総てこのような事業を計画する裏面には、必ずある事情が伏在するものであって、この国立銀行創立についても、矢張り前に述べたような事実とは異なるものがあった。すなわち明治五（一八七二）年一月、三井組に対し井上大蔵大輔から内密の案内があったので、八郎右衛門は齋藤純造、三野村利左衛門の二人を召し連れ大蔵大輔私邸に参上したところ、渋沢大蔵大亟兼紙幣頭、大隈参議も参会して、親しく当節の形勢から三井の店の業務不振に対する打開策としてのバンク建設の必要が議の中心になった。

よって八郎右衛門は前にも述べた通り呉服業を三越家に譲り、三井家は銀行業に専心意を注ぐ事に定めたのであるが、この際三井としてはなるべくなれば一手で銀行を開業したいのであったが、当時三井と同じく諸役所の御用を承っており、かつまた三井組と併称される小野組を孤立させる事は情としても忍びない。のみならず銀行を営業して行く上の都合もあったから、三井、小野両組共同出資の形式で銀行を経営して行く事に相談が一決し、明治五年五月になって始めて、公に三井、小野両組の代表者を招き、銀行開業についての相談をしたという大蔵大輔私邸の会合となった訳である。

✺第一国立銀行の名称で許可が出て、三井組為換座を使って開業

こうして三井、小野両組より提出された願書に対して紙幣寮からは五年八月、「書面にある銀行創立の件承知しました。名称は第一国立銀行とすること、また店舗開設については追って指示ある事」という意味の認可書を下げ渡したのである。

これより先、五年七月二十六日に井上大蔵大輔が渋沢大蔵少輔、芳川紙幣頭同伴にて三井組為換座を訪問し、芳川紙幣頭から銀行業を執行するについて、新規に普請をしては入用も掛るし、このような立派な為換座があるなればこれを利用して事務を執ったらどうであるか、との談話があったが、この時小野組は、三井組が建てた為換座に合併して仕事をするのは気詰りであるから、別個に普請をするということであった。しかし同月二十七日に小野組から、今から新しく普請をすると三、四ヶ月は掛り、それだけ入費もかかるから、海運橋の為換座で三井と合併して銀行業をやったらどうであるかとの井上大蔵大輔の仰せも黙し難いから、先言を取り消して為換座でもって合併事業をお願いしたいと申し込んで来た。

ところが齋藤純造は、こちらには駿河町に向店もあり両替店もあることだから、いかようにもなる事であると返答をしたが、利左衛門は井上大蔵大輔が左様な事を仰せになる筈がないが、なお篤と熟考した後、御返答をしようといって、即刻為換座に一同を集めて曰く、自分は小野組と合併事業をする所を別個に取り建て、為換座は三井組一手のものにする考えであるがどうであろ

うかと、職員一同の意見を求めた所、満場に一言も発するものがなかった。よって利左衛門は、諸君は私に依頼し過ぎている。それでは不意の災が起った時にはどうする考えであるかと激励して、始めて議論が沸騰し、結局為換座において小野組と合併事業を起す事は絶対に反対であるという事に決定を見たのである。

しかし大官連からの再三の勧説も黙し難く、遂に意を決し五年八月、三野村自宅において合併銀行創立の評議をとげた結果、資本金は三百万円で、内二百万円は小野、三井両組にて出資し、残高百万円は庶民より募る事にし、五年九月一日の吉日を選び、海運橋為換座に小野、三井組合銀行の名称をもって華々しく開業したのである。

この一時を見ても、いかに三井組の職員が利左衛門一人に依頼しきっていたかという事が判るし、また利左衛門の心中には、三井家のためということ以外には何もなかった事が、容易に想像できると思う。

✺正式に第一国立銀行が創立され、組合銀行は第一国立銀行となる

始め政府の銀行設立の趣意は認可書にも明らかなように、国立銀行の創設にあって組合銀行等の存在は望まなかったのであるが、銀行業を行うに当り三井、小野両組の感情を融一しなければ成功は覚束ないと考えた政策上から、このような異例の機関を設けたのである。換言すれば組合

銀行は第一国立銀行設立までの準備機関であって、五年九月創立準備中の第一国立銀行が三井組ハウスを買い取り、翌六年六月第一国立銀行の開業式が挙行され、ここに組合銀行の名称は撤回され、始めて国立銀行の名称が現れた訳である。

✺役員、人事の流れ

次いで役員選挙が行われた結果、組合銀行創設当時の頭取は三井、小野両組が月番代りに相勤め、取締には三井八郎右衛門、三井三郎助、齋藤純造、小野善助、西村善右衛門の五名が就任し、三野村利左衛門は支配人に、紅林嘉平は副支配人と御取極めがあった。しかし八郎右衛門は何分老年のこと故御役が勤まり難いとの理由をもって三野村利左衛門が助勤となり、利左衛門の後を襲って支配人に選ばれたのは永田甚七であって、次いで明治六（一八七三）年国立銀行第一回株主総会において八郎右衛門は小野善助と同じく頭取に推薦されるとともに、利左衛門は副頭取を勤めた。しかし同七年小野組が破産してからは、三井組一手で国立銀行の任務を遂行して行く事になったが、明治八（一八七五）年には渋沢大蔵少輔が頭取に選ばれ、三井八郎右衛門と三野村利左衛門とは共に取締役検査掛りとなった。

次に明治八年九月二十六日発行の、東京日日新聞に記載された公告を参考として掲げておこう。

稟　告

当銀行役員選挙の儀は本年八月一日株主臨時集会において決議せしに其中深川亮蔵儀は自分の都合をもって右選挙に応じ兼ねたるにつき、さらに本月二十日取締役定式集会にて一名を補員し、かつ右取締役一同の撰をもって頭取より選挙決定したること、左のごとし

頭取　渋沢　栄一
取締役　検査掛　三井　八郎右衛門
同　同　三野村　利左衛門
同　永田　甚七
三井　元之助
西園寺　公成
齋藤　純造

右公告致し候也

明治八年九月二十四日　第一国立銀行

✺三井の家政大改革により三井銀行創設に向けた体制整う

右に述べたるが如く、国立銀行は八年に至れば内容の充実を見たのであるが、ここに話は少し既往に遡るけれども、三井八郎右衛門は何事を計画して行くにも一人の統率者を選び、これに全権を託して一同を手足のごとく立働かせたならば、事業の進展を障げる者は自然に淘汰され、時世に順応することの易き事を感知して、先年改革した家政に再び大なたを加え、今度は根本から刷新せんとしたのである。

折しも三野村利左衛門は明治六（一八七三）年三月、井上大蔵大輔、渋沢大蔵少輔、芳川紙幣頭の阪神出張に同伴して巡遊中、大元方改正筋、銀行創立内規、同苗各地出張向等につき密儀を凝らし、同月二十三日帰航した。次いで同年四月十七日、井上大蔵大輔は、三井の主人ならびに重役連を私邸に招き、三井家政向けの改革を促したところ、八郎右衛門は日頃心掛けている懸案であったから、同年四月二十三日、第一国立銀行の総監役たる頭取であり、また時の大蔵少輔たりし渋沢栄一の来邸を請い、三井家同族ならびに重役連と国立銀行の開業により駿河町両替店に合併した御用所大元方役場に会し、家政向細大の事務を利左衛門に委任する旨を発表し、即日委任状を下附したので、重役連からも異存なき旨の一札を入れると共に、利左衛門もまた即刻御請書を奉ったのである。

ここにおいて利左衛門は委任状の趣旨に基き大元方総轄となり、明治六年五月、まず同族役割、各家移転、大元方順席規則の通告を発し、翌七（一八七四）年四月大元方ならびに各店規則の申し渡しをなしたが、この大元方改正によって八郎右衛門は大元方総轄となり、利左衛門は八郎右衛門代理大元方事務総轄となったのである。

このようにして三井の家政は根底から刷新され、旧来の陋習を破って面目を一新し、新時代に活躍する準備が総て整っていったので、第一国立銀行の業務に勉励することを得たとともに、三井、小野組合銀行創立の際、腹案中であった三井一手の私立銀行を駿河町両替店に興し、着々と事業の発展を計っていた。

✺大蔵省の矢継ぎ早の通達で御用商店は大恐慌へ

こうした折りの明治七（一八七四）年十月二十二日、大蔵省から新たな御達しがあった。その大意は、預け金の抵当は、すでに本年発してある第十五号により、預け金の三分の一と確定したところであるが、今般これをなお検討した結果、抵当は、預け金相当額と改定したのでその旨心得置くこと、とのものであった。

この御達しに対しては、三井も小野もその他政府の御用を勤めている商店は大恐慌を来たし、それぞれこの質物を納めるため奔走していたのであるが、さらに同月二十四日に質物の提出期限は十二月二十五日限りと厳達されたため、遣り繰りは商人の身上であると考え、またそれによって物資を融通していた都下の御用商人達は、ただ呆然として成す所を知らずという有様であった。ところが十一月二十三日、突如小野組破産、島田組休業の悲報が伝えられ、府下はもとより日本国中津々浦々に至るまで大取付騒ぎが持ち上ったのである。

✺小野組の破産の要因

小野組が突如破産するに至った主たる原因は、政府の大官に異動があったためであって、明治六年五月、井上大蔵大輔はその職を辞められ、大隈参議が後を襲って大蔵大輔となるや、井上大蔵大輔時代の施設に対して調査をなすと共に、施設方針の大改革の必要上、三井、小野、島田三組に委託してあった官金を引上げて、第一国立銀行に取り扱わせる事になった。

その結果として、三井、小野、島田三組への預金をひとまず大蔵省に引き上げ、不足の分に対しては相当の抵当を差し出させる事になったが、当時小野組の金庫の中には過振の手形のみであって、一個の正金さえもなかった。要するに小野組は明治元年以来大蔵省の為替方となって官金出納事務を執り、明治五年には各地に出張店を設け各府県送納の租税金をも扱うようになったが、これらの公金を自家の事業に投資したために、小野組としてはかなり不相応に手広く営業を行い、傍ら事業経営について面倒を掛けていた出納局の役員等の御機嫌を損する事を恐れ、日夜酒亭に饗応するという奢侈を極めていた。

この小野組の有様を見て、大隈大蔵大輔は公金上納に差支える事のあらんを非常に心痛のあまり、府県の為替方設置手続及び為替規則を制定して取締ったが、予期した成績を挙げる事が出来なかったので、七年二月には抵当は公金上納金額の三分の一とし、さらに十月二十二日には相当抵当という事を厳達したのであった。

この時は小野組が背負込んでいた官金は四百八十二万円余であって、これを全部還納しなければならぬようになったため、抵当になるべき地所、家屋、その他の所有財産をことごとく売り払ったけれども、この大欠損を埋める事が出来ず、その上庶民よりの預金が二万二千二百円余もあったから、小野組の破産が突如として現れたのは当然であると言えよう。

✺続く島田組の破綻を前に、利左衛門は三井の難局を乗り越える

また小野組と同じ運命に置かれた島田組は、外国人から借り入れた元利金三十万円の不償却が災して、店舗閉鎖の止むなきに至ったのである。これら都下屈指の大商店の破産退転は、天下の人心を極度に震撼させ、三井もまた危うし、との流言が盛んに行われたので、日夜店頭を窺う者が絶えなかったのである。

この際三野村利左衛門は夜中、ハウス三階に職員を集め前後策を講じ、応急策によって抵当物を完納し、この難関を突破せんとする覚悟を披瀝し、一同を激励した。外に対しては疑勢を示す

必要上、受付の窓口に大札の束を山積し、内にあっては有価証券、土地、建物、古金銀等を東京の店々はもちろん、北海道、函館店のものまでも取調べ、または運送させて日に幾回となく納付することにした。

常日頃利左衛門に心服し手足となって立働いていた一部役員のごときは、もし露顕する時には法に触れることをさえ厭わず、一身を犠牲に供する有様であった。利左衛門もまた懇願書を懐にして東奔西走、未明に出て夜中に帰り、寸時も席の温まるを知らなかった程で、ようやく概算四百万円余の預金に対する相当抵当を完納する事が出来たのである。

✺小野組破産後の整理に大蔵省は維新当時の功労を勘案

その後小野組破産の後を整理するため、大蔵省は勘査局を設け、三井からは三野村利左衛門、旧小野組からは西村善右衛門が出入していたが、政府においては小野組が維新当時の功労を思し召され、また利左衛門の切なる懇願によって身代限りのところを寛宥し、官金引負高四百八十二万余円の内、二百二十五万円余は正金をもって償い、残金二百五十七万円余は明治九年より年二朱利付で四十ヶ年賦旧公債証書で支弁し打切る事に決定した。

しかし公債証書の年賦にては決算が延引するので、右の公債証書を時価相場で売却することにしたが、この評価たる百九十三万円の二朱の利金は三十ヶ年目には百二十万円余になるから、決して官損にはならないというところから、この処分法を執り、ここに天下を揺るがした大事件も終局を告げたのである。

✺恐慌の中、利左衛門の先見の明で三井が独り残ることに

さて、この財界の大混乱の中に三井が独り居残る事が出来たというのは、前述した通り三井に官金に相当する抵当物があり、これを完納する事が出来たのと、利左衛門の命に従って応急策を誤らなかった諸役員の奮励の賜物によるのであって、これらの対応策を取らしめた利左衛門の先見の明が与って力があったのである。すなわち先きに利左衛門は明治七年五月、八郎右衛門が京都へ帰る道中、東海道筋の店々を検査した事があったが、この際彼は随行の笹山豊平に為替取扱方を打合せ、中西半造に大元方持ち地所を取調べさせる内意を含めたのである。

このようであったから七年も末に近い頃、元の大蔵大輔井上馨が、小野組は最早いけないから三井においても早く手廻しして、関西地方その他の支店を検査しなければならぬと私交上からの注告を受けた時、直ちに支店と協力し、疾風迅速的に整理を行うことが出来たのであって、これ利左衛門の平生の遠謀が効を奏し、危殆に瀕した三井をかろうじて救い上げる事が出来得たのである。

✺利左衛門、私立銀行の開設に向け政府に建言書を提出

小野組の破産後、国立銀行の業務は当然三井家が一手に引き受け、処理按排（あんばい）をしなければならなくなったのであるが、何しろ小野、島田の破綻はその影響を全国に及ぼし、国民の心には再び銀行に対する疑惑の念を深めさせ、従って金融の道が塞がれる事になって、経済界は沈滞しきってしまったのである。そしてこの打開策としては、市民に銀行を信用させるよりほかに最善の方法はなく、またその責務を遂行する唯一の機関としては、国立銀行よりほかはないのである。

国立銀行を一手に引き受けた三井組の頭梁であった利左衛門は、この有様を放任しておく筈はなく、少しでも早くこの窮境を切り開いて庶民のために生活安堵の途を与え、金融を昔に復そうと自他の利便を考慮した上、当然かくしければならぬとの結論を得た。その処置方法こそ明治八（一八七五）年の「金融之儀に付いての建言書」であり、あわせてその論説から胚胎したとも思われる私立三井銀行の開設であって、為換座御用時代から彼の胸中にわだかまっていた宿望がいよいよ遂行される事になったのである。

次に「金融の儀についての建言書」を掲げて利左衛門の遺稿に接して見ようと思う。

✺金融についての建言書（大意）

恐れながら建言申上

謹んで御一新以降の国内の形勢を愚策致しますに、文化、文明次第に行き渡り、人智ようやく開け兵備国内を始め順次開明の域に進入の勢い実に国家欣喜雀躍之至りに堪えずと存じます。さりながらこれ等の数事といえども基く所は一に財力に由て生すべきところであり、当今の景況においては、政府には莫大な公債があり、輸出入の金額で巨額の赤字を生し正金の国外に流出するその数を知らず、物貨の価格平衡を失い、商売は破算の者日々相次ぎ、細民はすこぶる茶色の顔を呈し、金銭の融通全く閉塞致し、中にもって御国内財力の豊かなるを望むべからざるのみならず、此勢にて進み行く時は開化もすべて退歩におよび、加えるに至大至重のわざわいをも惹起し申すべくやらんにも杞憂之至に存じ、愚存之趣に堪えません。尤て詳述いたしますと、そもそも外国御交際を開かせらるるの始に当り、この自由独立の御国にして渡来の外人を管理せらるるの権利、闇市場制治せらるるの権利、之が罪犯を裁判せらるるの権利、輸入出物品課税の権利等において、御国権の幾分を割き彼に貸与せられしゆえんのものは、すなわち以前には、いわゆる文明文化いまだ行き渡らず、人民の智識いまだ開けず、兵力いまだ強からず、財いまだ豊かならざる等の数患ありて、止むを得ざるの事情より出たる事なれば、早晩これらの権利回復なくては相済まず、これを御回復あらせられるには財力をして、豊かならしむるの道を得ずんばあるべからず、誠に愚案をもって見る時は、恐れながらいまだ一線の進路を得ざるようにもお見受け致します。

今政府の御会計は私共の窺知るべき所にはございませんが、とりあえず当て推量致しますに、外国の負債も有りまた内国の公債も有り、引換なき紙幣の発行せるものも幾万円かこれあると見積り、これを皇国の人民三千五百万人の中、半数を婦女子と見て引除き、残り半数の中また三分の一は老幼廃失と見て引除き、余す所の一千百六十七万人ばかりのものへ割当てれば、前の高に応じ一人前に金幾円かの割合にて実に驚くべき大きな数が有るべく哉と存じます。しかるにこれを返償するには必ず正金をもってすべきものにて、決して紙幣をもってすべからざるものなれば、今全国中これを償うに足るべき正金果して有るであろうか。私の見るところでは、恐れながらこの正金は有るまじきものと思われます。そうであれば、財力を豊かならしむるの事において、その進路を得られないという第一の証でございます。

近年海外輸入の輸出よりも多きこと、その差おおよそ八百万円に下らずとお聞きしております。この八百万円はことごとく皆正金にて払うものなれば、三年にしておそらく二、三千万円は海外に放出し去りたる事、この程度に止まずんばしまいに我が国の正金はことごとく外出し、また一銭を余さざるにも至るべし、これはすなわち財力を豊かならしむるの事において、その進路を得られないという第二の証にございます。

もともと政府には始より財のあるべきものにあらず、人民の財の一部を割き、これを集めて政府の財となれるものなれば、人民の資力が堪えうるならば重賦苛税も重賦苛税にあらず、人民の資力堪えるべからざれば軽賦薄税も非ず、要するに人民の資力いかにあるのみ、そしてその資力は一般営業上よりひねり出し来り、一般営業は金銭融通より成果したるものに有り、ところが今日、金銭の融通なきは近年その比を見ざる程の景況にて、御内に非常なる苦しみの思いあり、農に飢餓の色あり、すなわち財力を豊かならしむるの事において、その進路を得ざるの第三の証にございます。

愚存おいて見ればただ進路を得ざるのみならず、すこぶる退縮の形状と存じます。この退縮の形状が長くして止まずんば平時にあって、田野荒蕪し、生産沈滞し、貿易衰退し、一朝いくさの起るに至らば、紙幣全くその価値を失い、国家の命脈恐れながらそれで尽きるでありましょう。これすなわち至って重大なわざわいも引き起すべきやらんと杞憂するゆえんにございます。

今この勢を挽回しこの患を予防せんには、正金の流出を留むべく、二は輸出入の平衡を得せしむべし、三は金銭の閉塞を疎通せしむることのほかに手立ては無いと存じます。金銭疎通すれば輸出の物品を増し、輸出の物品増せば正金の流出を留め得べき道理にございます。

（中略）

全体国に金銭の融通あるはなお人体の血液あるがごとく常に流動運転して休まず、故に食物消化す。もしその動一たび停まらば脾腑肺肝直ちに衰弱し、死に至らざるものは稀なり、今人ありて我が身体血液の流動停りたるを知らば、百万医を招き療養を尽くすべきに、独り今日内国の金融閉塞してあたかも血液流動の停りたるがごとき時に際し、これが治療を尽くさざるのいわれ無し、もしそれを治療と看做すときは、彼には薬石の効を要するが如くこれにはまた適切なる方法の施設無しにはできまい。愚策をもってするときは現に今金銭のこのごとく閉塞せるを通し、すべてその流通を好くする方法は御国内一般株式の方法を行なわせられるに如かずと存じます。右株とは旧幕時代の株のごとき人を束縛するの趣意ではございません。いわゆる会社法も同様の事にございます。その詳細は左に申し上げます。

まず御国内の人民商業または工業をもって活計致す者は一般に仲間を組み、銘々その業体を管轄の官庁に申立て人別に鑑札を申し渡し、鑑札なければ仲間に入る事を得ず、仲間に入るものは鑑札なきを許さず、そしてこの鑑札をもってこの仲間に在るものは己の業体における金を人に借り、または商品の仕入を頼むには仲間一同のものが保証に立ち、もし本人滞れば一同の保証のものよりこれを償い、貸し人をしてこの損害なからしむる事、第一にございます。

第二には、仲間一同へ償わしめたるその本人の身代は、必ずこの仲間一同へ取り立て、その損害の償いに当てしめ、またその仲間を省くをもってつとめとすべし。

またその仲間の組方は地方によりて組合を定め、またその組合を上中下数段を分ち、例えば第一大区に居住する呉服屋の梢屋富たるものはこれを一組合とし、第一大区一等呉服組合と称し、また第六大区に居住する貧窮なる焼芋屋はこれを一組合とし、第六大区何等の焼芋商組合と称し、そしてこの地よりかの地へ移住するには、この組合を脱してかの組合に入り、あるいは一等の組合より二等の組合へ降りるも、塩の組合より砂糖の組合へ移るも、また彼此数組の仲間に加うるも本人の自由に任せ、ただ鑑札を時々御改を願うのみの手数とすべし。組合を結ぶは、また組合加入をなすの始にはその者より身元積金を出させ政府に預け置き、それ等組合の等を降ろすかあるいは組合へ損耗を掛け、その償いをなすべき事ある時は、何時にても取下げることを得るの規則となし、こうしてその者営業のため人に金を借りるか、もしくは仕入を頼むときは組合中の総代たる行事年番なるもの等、証書に奥印を為すこととすべし。この行事年番は、本人の身元確実なりと信ずる時は求めに応じ保証印を押し、万一本人滞れば組合仲間一同より基金主へ償いをなし、組合仲間一同へは本人身元積金を政府より取下げて償わしむべし。もしまた組合行事年番の保証印なくして貸付をなしたるものあれば、組合へ没入せる身元積金を除きその余の身代をもって分散配当に充つべき法とすべし。この方法の便なる理由を述べると、今ここに一商ありて若干の資本金を要することあらんに、突然銀行に行き金を借りることを求めるとも、銀行いたずらに貸す事を行わざるわけは、返期滞ることなきを保つべからざるが故なり。今もしこの方法に従わば、その人は一面識なくとも行事年番の保証印あれば、必ず損耗なきを安んじたちどころに貸すを行い、そして彼の一商は一の抵当を出すに及ばずして資本を得、銀行はまた抵当を要せずして滞りなく元利の徴収を得べきなれば、何方の便利にございます。

（中略）

既に正金の尽きるに切迫し、また輸入を止めること不可能なれば、これを救う道は物産を起こし、輸出を盛んならしむるの一事在るのみ、故に論者また紙幣交換の道を聞くべく紙幣の相場を許すべしと言う。たしかに紙幣に相場を許さざる時は、金位貴くして物価下る、物価下れば輸出を増加す、輸出増加すれば輸入と平均を得、もって正金の流出を留め得べく、またその帰り来るを望むべき儀にて、愚案をもってすればこの説をよしと致します。

今日紙幣相場をお許しなさる事は政府の御不都合有る哉も計り難くございますが、たとえお許しがなくとも遠からず正金を紙幣との差を生すべきは必然の勢にございます。何となれば、今輸入物品日にますます多くして、この代価は外国人は必ず正金払を要するがため、衆人正金を求むることいよいよ切なる道理なれば、遂には幾許の打金を添えて正金を買い入れるに至り、この打金の数、次第に増加して紙幣は全く相場を許され候よりも、同様に差を生じその総額は相場を公然許され候よりも、同様に差を生じその総額は相場を公然許され候よりも数段多くなると存じます。何卒紙幣御引換の道を開かせられ、その上にて公然紙幣相場を許されますよう、恐れながらお願い申し上げます。

（中略）

右之通り御施行されませば、金銭の融通は開けるのみならず、埋没せる金銀も各争てこれを貸し、一般流通よく人民の生計相立、次で製産物おいおい相加わり、次いで海外輸出相増し、輸入と均衡を失わず、次いで正金次第に立ち戻り、従って御国内の財力豊ならしむるの基礎相立ち、財力已に豊かなれば漸次文化・文明進化し、人智発達し、兵備拡充し、御国権においても充分なる場合へこれよりお進みになりますので、出過ぎることを顧みず、謹んで建言申上ますので、宜しく評議下されたくお願い申し上げます。

明治八年九月　日　　　三野村利左衛門

✺私立三井銀行設立構想

そもそも私立三井銀行の設立の動機は、早くも為換座御用を引き受けた時から利左衛門の計画していた所であって、前述した通り明治五年三月大官連の勧告により呉服業を三越家に譲り、三井家は銀行業専門で立つ意志を固め、海運橋畔に五層楼の西洋館を築造したが、小野組と組合銀行を起こすについてこの建物を用いる事になり、続いて第一国立銀行に譲り渡したため、三井家では新たに駿河町両替店ならびにその隣接地をもって銀行敷地に宛て、御用所大元方役場をもここに移す計画をもって工事を起こし、七（一八七四）年二月落成を見たのである。

その結構は三階建西洋館で、屋上に逆鯱をあげ、表入口に一つは為換座三井組、一つは三井組バンクと明記してある看板を下げ、店内は横浜購入の物品にて装飾し、中にも八尺の姿鏡、三十六色の玻璃燈は当時にあっては非常な見物であった。この建築費は国立銀行に為換座を譲与した時得た金額の一部から出たもので、これまた利左衛門の画策したものであった。

かくしてここに三井一手の銀行開業の準備が全く整ったので、明治八年七月、三井組総取締三野村利左衛門は東京府知事大久保一翁に宛て、次のような創立願書を提出したのである。


　我が三井一族の業たるや永続することここに数百年祖先の余沢を承け、隷属の勤勉に由て幸に官民の信ずる所となり今にして盛昌を減せず世もって商売の巨擘（きょはく）と称す、何の栄かこのようであろうか、しかし世移り物変わり、昨日の新しきは今日の陳腐となり、今年の急恐は来年の鈍とする所ならん。故に宜くその鈍を去て急に就き陳を転して新となし時に従って宜を制しそしてこれを貫くに万世不破の正鵠に志する方法をもってせずんばある可からざるなり。そもそも旧幕治以降、豪富をもって称せらるるもの世にこれしからずといえども、昨今に至っては、あるいは衰退を極め、あるいは家産を破り、これを見、これを聞く人をして一に酸鼻ならしむ。そのようになる理由は総てこれ鵠を取るの違えると法を設るの猥（みだ）らなるとに由来する也。（中略）しからばすなわちこの轍を踏まざらんと欲せば如何せば可ならん、会社法を用ゆるにあり会社の体数種あり、とりわけ無名会社を善良とす。無名というのは、その人名を指さずしてその事業をもって社名とするの謂なり、故にその事を管理しその務を負担する一に公選衆議に取りかつ定数を定め皆政府の承認を経てこれに従事すべくして私あることを許さず、すなわち善良とするゆえんなり。（中略）故に今三井組の名を廃しその業を継ぎさらに私立三井銀行と称し、家長雇人の儀を断ち、改めて共に社友となり同心協力してもって各自に益利を分ち、永くその悦を共にせんと欲す。これこの創立の大意なり。

右の趣旨をもって、今般私立銀行の方法に改正したく存じます。現在一般銀行創立については いまだ標準とすべき規定等の下げ渡しもない折柄につき、愚昧の輩自己に完備の規程を設けお許をお願い申し上げる程の目的ではございませんが、止むを得ず、今度右創立における書類一切草稿のまま上呈致しますので、重ね重ねで恐入りますが、特別御仁評をもって廉々御示教の上官許をお受けいただけますようお願申し上げます。右の趣、宜しく大蔵御省へ御上達下されますよう、お願い申し上げます。以上

明治八年七月七日　　三井組総取締

三野村利左衛門

東京府知事　大久保一翁殿

✺社名伺い書を大蔵省へ

次いで利左衛門は三井バンク、三井為換座、三井銀行の三社名を挙げ、その中の一つをもって営業を始めたいからいずれとも御選択を願いたいと、大蔵省に願い出たのである。その社名伺書は次の通りである。

書面をもってお願い申し上候

当組は御一新以来会計官出納御用を仰せつけられ、御蔭をもちまして今日まで事業無事連続つとめ、有難き仕合に存じます。ついては今般御事務に基き私盟バンクの規則に従い、別紙草稿の通り大改革につとめ御用向扱いはこれまでの通り差し支えなく相勤める心得にございます。ついては将来用います社名は次の三種の内より用いたく存じます。

三井バンク

三井為換座

三井銀行

右に改銘致したく存じますので、何卒何れこの称号を用いるべきかお伺い致します。宜しく御指令をお下しいただきたくお願い申し上げます。

明治八年　　三井組総取締

三野村利左衛門

大蔵御省

✺私立三井銀行株主による三役の選挙

ところがちょうどその時、国立銀行条令が発布され私唱銀行の禁止令が公布された後であったので、私立銀行創立願は大蔵省に保留され稟議に回っていたが、その間においても三井組では寸時の猶予なく、着々と私立銀行設立の準備を進め、株主一同選挙の結果、総長、副長、監事の三役を左のごとくに決定した。

総長　　三井　八郎右衛門

副長　　総長代理

三野村　利左衛門

同　　三井　三郎助

監事　　西村　虎四郎

同　三野村　利助
同　今井　友五郎

そして三役の事務取扱規則は次の通りであるが、利左衛門はこの規則を一目瞭然たらしむるために、独特の図示法によってこれを現わしているから、合わせてこれも規則と併記して参考に供したいと思う。

✺三井バンク諸役員事務扱方心得規則（大意）

総長

一、バンク総ての事務を司り諸役員の任免及び本支店各課建言の是非を決断すべきはもちろん諸規則の更正等万般の事務を担当調査致すべし。かつ諸課より書き出たる日々扱の事項を記載せし帳簿を熟覧致し、その決を取り検印致し置く事

副長

一、総長他出あるいは旅行致す節は諸事の代理をなすべき権利ありといえども監事取締と相談の上、不都合これなきよう取り扱うこと。ただし重大な事件は総長の決を受けて取り扱うべき事

（以下各項但書略）

監事

一、本支店の役員勤惰邪正はもちろん金銀出納の日表を検査し、総轄へ差出検印を受け置き、尚また臨時に金庫を調査する事

一、各支店の取扱向は同勤で申し合わせ随時出張検査すべし。もし人が少ない節は、総長副長へ相談し、人撰の上出張中の監事役を申し付け進めるべし。もっとも出張中は監事役の代理たればその権限は監事同様となすべき事

一、本店とも検査の上、規則を犯しているか、または不都合の所業あるかは、詳細に取調べ総長へ申し出、その決答に従い所置致すべき事

一、監事役よりの往復書状は、御用方、為替方と混交せざるよう致すべき事

一、各支店より毎月二度計算表参着ある時は、元締より之を請取詳細調査の上検印し、これを総長へ差出検印を請け綴込置く事

一、各支店検査出張の節は、大元締役所より印章等を受け取り派出致すべき事

一、日々到着帳を検査し、調印のない者はすべて不勤と見なし、印を押置他日精不精の参考に致すべき事

バンク心得方絵図

○印ハ正金ヲ以テ加入セシ株主ナリ
□印ハ勤功株主ナリ

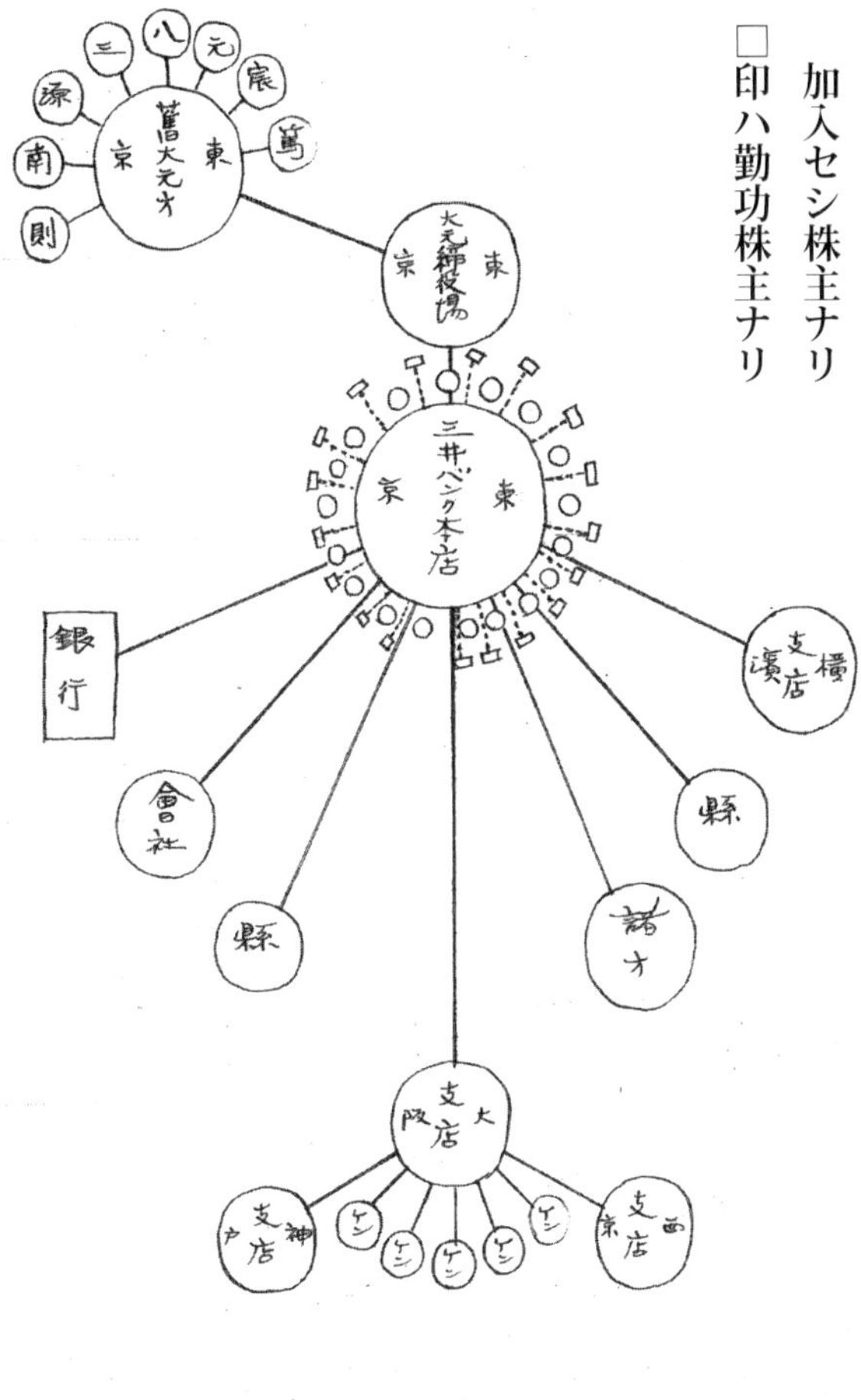

✺三井銀行への改称願いを提出

かくして年を越え明治九（一八七六）年二月、利左衛門は大蔵省の許可に先だって三井銀行の称号をもって、ここに業を起したいから願書通り御許可を願いたい、と次のような書面の願書に株主姓名表を添えて差し出したのである。

次にその書面の大意を挙げて置く。

当組の件、昨年来非常の改革を行い更に会社の方法に従い銀行営業の仕度これに依り規則書等取り設け出願致しました。尚また昨年十月より右規則をもって実際履行つとめるべくの事お届け申し上げた通りにございます。しかし右銀行設立の件は今もって許可はございません。現在通常銀行の条令御取調中の趣にも伝え聞き致しました。付いては、何分の御沙汰有る迄は静に控えておりましたところ、もともと当組は特別の御蔭を蒙り、これまで相続き致しました。なおこの上、厳密の規定を設け営業上ますます精確にし恐ながら御国内資本流通の道における万一の稗益をも相補いたく、微衷より前条銀行設立の挙に及びました。しかるに昨冬以来、右規則をもって実地に試みるに金銭出納等の順序においては、さらに不都合の儀はなく、店内一般の取締方ならびに外辺に対し、御引合向その他の事柄に当たりたれば、旧来の慣習に拘泥せられ確乎新法に遵い難き次第も有り。これ全く名実相副はざるより致す処と存じます。もしこの体にて数月を経れば、旧慣を後日に残し、弊害の脈絡断絶せず遂には折角取り行った改革もその効験無くなるようにならんと深く心を痛めております。ついては速やかに三井銀行の名称に相改め、規則上と実際とのくいちがいの憂いの無いようにしたく存じます。ただし追って通常銀行の御条令御領布の上にて取り設けた規則と抵触の事項は、即刻改正いたしますに付き、何卒かねて差し上げました規則に遵い三井銀行と改称致します件、御聞き届け下されたく、株主姓名表相添え、ここにお願い申し上げます。

明治九年二月　日　　三井組総取締

三野村利左衛門

大蔵御省

✵明治八年、大蔵省より取り扱う官金還納の布達

右に述べたように銀行創立のすべての御膳立てが済んで二百万円の資本金を擁し、今は只認可の下るのを待つばかりであったところ、明治八（一八七五）年冬、突如大蔵省より今度内務、大蔵、正院、元老院等諸省寮の出納は大蔵省内にて取り扱う事になったから、三井組が取り扱っている官金を還納せよとの御布達が出たのである。これは小野組破産事件の影響であって、民間に官金を預けて置くのははなはだ危険極る事で、例え三井組であっても今後いかような事になるかも知

れないというので、省中に出納局（金庫）を設け、官金一切をここにて処理するとしたのである。

ともかく三井においては、小野組の後を襲って一手で国立銀行を切り回していたので、もし官金を引き揚げられるような事があれば小野組の覆轍を繰り返すようになり、もしこれによって人民の信を失するような事になれば国立銀行は破綻し、これと異名同一とも見られる三井銀行もまた退転しなければならぬ運命に陥るのは理の当然であって、銀行が潰れる事はさて置いて、経済界が再び混乱するような事があれば、国民は取り付く島も無い訳で、果ては国家の威信にも累を及ぼす事になるから、利左衛門は国運の進展を阻害する事を大いに憂い、左記のような嘆願書を大蔵省に差し出したのである。その大意を見ておこう。

✺布達に対する利左衛門の嘆願書

昨八（一八七五）年中、当組は改革についてお願いを差し上げた通り、同年七月より銀行規定に基き実際に行うことを想定して、このたび七年七月より十二月三十一日迄の総精算勘定を出しましたところ、別紙の通りに御座います。この精算によれば、百五十万円余は純然当組の資産でありますので、これをを基とし、尚隷属の者よりも金を募り、合計二百万円の資本をもって、さらに会社の方法に従い銀行の営業を致す件、かねがね出願させていただいた通りの次第でございます。これまで特別政府の庇護をこうむり、未だかつて人民に対し信を失ったことも無しにつき、なおこの上厳密の規定に従い全店協力勉励致しまして、これまで通りますます利潤を得、営業永続につとめ、官の御用も相弁し民間の融通をも相補うことは、あえて疑はざるところに御座います。さりながらもしここにて万々一官の御制御変更に相成り、一時に御預金納めるように仰付けられるようなことがあります時は、別紙の通り所有物は有るといえども、即時納方に差し支え止むを得ず御処分をお願いする外ございません。その訳は人民への貸付ならびに一時繰替金の数六百八十万円余、今御国内一般資本流通の道格別に閉塞の折柄にありますので、速急の取立方はなかなかもって難しくなっており、もし強いて甲への貸金を督促致します時は、いづれも全財産売り尽しの償を受けるに過ぎず、これによって甲もまた乙へ貸金を督促し、乙よりは丙に及ぼすように立至ります。その際に及びますと莫大な損耗に帰着すべきは必然の勢いにして、官民よりこの預り金は一時に全て償う事に成るとはいえ、その金の出どころのない官金の分は恐れながら抵当物をもって御勘弁願います。しかも人民よりの預り金または一時預り金等は、新旧公債証書をもって勘弁をお願いするよりほか術がございません。もしその場に至りましたら、所有の動不動産をせり売りし代金を汲入する事に致します。しかも既に貸出し有り巨額の金員一時の取立が出来ないことは必然の事ですので、一時に預り金等を返償致す件は、なかなか前に進めず自然右のような事体に進むことになった時は、当組の悲嘆はしばらく指し置き、民間資本の流通はなおこの上、数層の渋滞に相成ります故に、事ここに至らざるようにしたいとの心掛けております。昨年以来、つとめて銀行の方法をも取り設け今に至りては事務ようやくその緒に就き、かつ貸出金取立方もあらかたとりまとめの順序立てるべく、勢これに加え全店年々の純益及び公債証書の益金等をもって負債となるべし。貸金の分は屹度償却する日程も立ててございますので、何卒右の事情を御賢察いただき、今三、四ヶ年間従前の通り諸省寮使府県の出納御用向を替えることなく、仰せ付け置き下さるよう伏してお願い申し上げます。ただし昨年中差し上げました精算勘定に比較していただければ、各店御預り金ならびに当座預り無利息預り金等、多少減額と成っておりますが、その抵当品においては減少にも成らずにおりますので、この件も御賢慮を被りたく存じております。恐れながら精算勘定に実際の日表を添えて差し上げますので御一覧下され置きまして、前顕願意のようにこれまで通り、何卒御用取扱方仰せ付け下さるようひたすら奉歎願申し上げます。

明治九年二月　日　　三井組総轄

三野村利左衛門

大蔵御省

✺三井銀行は無事開業に至るも、利左衛門は辛労で病に

この願書に対しては九年三月八日、大蔵卿大隈重信より御聞届書が下げ渡されたが、この利左衛門の願書は国家という事をまず第一に考えてのものであったから、当時の国情から見ても聞き届けられなければならなかったし、また先にもたびたび述べた通り、大隈重信と利左衛門は私的関係から見ても、利左衛門の願望を重信が無下に却下する訳には行かなかったのである。

杞憂も無事解決し、たびたび大問題を惹起したこの官金も利左衛門の尽力によって、間もなく三井銀行に引継ぐようになり、九年四月五日、東京府権知事楠本正隆より三井銀行創立認可書が下ったので、同年七月一日にはかねての期待を裏切る事なく三井銀行の開業式は挙げられ、八郎右衛門は総長に、利左衛門は総代理に選ばれたのである。

顧みるに三井、小野組合銀行の設立から三井銀行の創立までに至る系路は、実に変転極まりない多忙の時期であって、政府の方針も朝令暮改という有様で御用を承っている商人はまた臨機応変の処置を執り、一時とても安閑と座っている事は許されなかった。

その上時勢の推移につれて目覚めた諸省寮の役人がペンと帳簿に馴れて来たため、今迄商人任せにしてあった諸用を自分で処理するようになって、時折突発的に御用金の引揚げを命じたので、御預り金を繰回している商人に取っては一大驚異であり、これがため破産退転の憂き目を見るものが小野、島田両家に止まらなかったのである。

この間、同じ運命の俎上に載せられた三井を独りで背負っていた利左衛門の辛労は一通りではなく、これがため開墾地問題の喧しさも高まった九年七月頃には容態すぐれず薬餌に親しむようになったが、片時も己れの職務を忘れた事がなく、病躯を押して己が身命を賭して育て上げた三井銀行始めの諸事業に力を尽していた。

第九章

営繕会議所

✺親と子の関係の町会所と営繕会議所

利左衛門が畢生（ひっせい）の努力を傾倒して実現を見るに至った大事業は、これまで大略述べ尽くしたと思うが、ここに利左衛門一個人の業績として特に記しておかなければならぬものに営繕会議所の一事がある。

この営繕会議所は明治五（一八七二）年八月十日、利左衛門等の意見によって開設され、その後東京会議所と改称し、明治十（一八七七）年二月十八日、東京府庁に合併されてしまったが、この会議所のそもそもの始まりは町会所（まちかいしょ）であって、寛政三（一七九一）年四月、大老松平越中守定信の下命により町法改正の結果、成立を見たものである。故に町会所と営繕会議所とはあたかも親と子の関係であって、切り離す事の出来ないものであり、営繕会議所を解かんとするにはまず町会所より筆を起こすが当然の成り行きであろう。

天明七（一七八七）年六月、松平定信は将軍輔佐役として入閣し田沼父子悪政の後を引き受けて政綱を執ったのであるが、浮華軽薄奢侈をもって誇るに足る文明開化と自称する当時の社会の状態より、徳川幕府の前途ならびに日本国の将来を遠察して非常に頭を悩まされ、このままに放置する時には寒心すべき事件の必ず突発せん事を恐れられた結果、第一に膝元の江戸の町法改正に尽力されたのである。

✺町法改正の目的は物価の引き下げ

この町法改正の第一の目的は諸物価の引き下げを計ることにあったので、公の最初の意見としてはまず町入用を成るだけ多く省けば、それだけ地主家主の利益になるから、地代店賃を一、二割下げても地主、家主は結局損害はないことになる。そこで諸色を一、二割方引き下げることにすれば、一言もないであろうというのであった。今その際の公の覚書を略述すれば次のようである。

一、大岡越前守の定めて置いた組合は、何らの目印が無いために不都合であったから、このたびは天水桶または木戸へ何番組と書き記すこと

一、従来の名主は世襲であって、その結果弊害が甚だしく取締も不十分であるから、将来は一組三、四人宛の身元確かな町人に取締役を申し付け、名主輔佐役とすること

一、公儀より、二ケ年二万両助成金を出して組合へ割り付け、組合は利安にこれを町内に貸付けて利殖を計らせ、また町内有志の者も加入金の願い出次第これを許し、総てこれ等を合わせて町内助け合い金と名付け、右の利金で米を買入れ、組合の空地へ土蔵を建築し、町々一組限りの社倉を取り立てること

ただし今後は分一金を町役人仲間で割り取らず、これを町内助け合い金に組み入れること。

一、右利金で社倉米積み足し費、蔵修繕費、取締役諸費を支出して、その残額は積置きて町内

の臨時費に充てること

一、町入費の節減をこの上にも厳しく申し渡し、慣例にかかわらず諸費を省略すれば、費用負担の地主共は有難きことに思うであろう、その時に地代店賃一、二割方引き下げ方を申し付ければ、店借りの者も有難く思うであろうし、この時銭の買上げを行なえば銭価は騰貴するであろう、ここに諸物価一、二割引下げ方を申し付けることにすれば、永久に諸色は引き下げることであろう

一、拾い物、倒れ者、盗賊、怪火の訴え、捨て子等の届けは、町役人連署の書付けとし、町奉行所の腰掛け前に届け箱を置き、その中へ投げ入れることにすれば、日々の出来事も雑作なく分るであろう

一、検使を要するものは、これまでの通りとする

一、祭礼すなわち神田山王の付祭りも、今後は三つと定め順々に引き受けることとすれば、費用が大いに省けるであろう

一、触書の出るたびごとに町々から請書を出す趣であるが、これも省略の仕方があろう。この外にも町費逓減の方法は沢山あることと考える

さてこの通りに組合しかと分り候えば、御府内手広しと申し候とも、一組づつに成りますので、

手広くとも取締よく、それよりして追々煮売り等の数を減じ、隠妓楼の数を減らす類の手法なお追々これ有べきこと、飢饉等にも末年天明七（一七八七）年のごときことは、これ無きようにするべきこと、諸色下げ方はなお別紙に申入のこと

四月八日

✵幕府による町入費（町に必要な費用）の調査

また町費節約に付いては、在来の町入費を幕府において取調べる必要があるというので、過去三年間の町入費精算書の提出を命じ、これを基本として研究する所となった。すなわち寛政三（一七九一）年三月二十日、諸色掛員たる初鹿野河内守、池田筑後守、柳生主膳正久世丹後守の四名は、町々の地代店賃の総上り高、町費総高、差引地主共の年取金の数量を書き出させ、なお町役人、地主共が打合せて取調べた連印帳、名主の捺印した勘定の元帳を差し出させて引合せ、調査評議の上、次のごとき上申書を差し出した。

寛政元年一ヶ年の地代店賃の総上り高

一、金五十四万六千八百九十両余

内

金一万五千六百八十両余

この金は上納金、年貢、伝馬、助郷、御菜入用、上野・増上寺その外寺院の役金等にて減ずることの出来ぬもの

町費総額天明五年より寛政二年まで五ヶ年平均一ヶ年分

一、金十五万五千四百両余

右二口差引

金三十七万六千七十両余

内

金七万両　地主並家守住居の地代

残金三十万六千七十両余　地主手取金

これを将来地代店賃七分下げとする時は左の通り

金五十万八千六百七両余

内

金一万五千六百八十両余

これは前書上納金その他にて減ずる能わざるもの

金九万三千八十四両　今後の町費

これは五ヶ年平均一ヶ年分の町費十五万五千百四十両余の四割減の見込

金七万両

これは前書地主家守住居地代

金六万二千五十六両余

これは五ヶ年平均一ヶ年分の町費額十五万五千百四十両余の四割減金なり。さりながらこの内には、家守の給金店賃の減金も見込みあるものにて、この給金店賃は町費に掛るものにあらずして、各地主限りのものなれば今囲町費減し方申渡したり、どうしても直ちに減ずるものならず、追々家守を減じ、あるいは家守の給金を減ずる等の事整いたる後に表われるべきものにて、幾分の差ある事は免れぬものとす

右四口合金二十四万八百二十両余

残金二十六万七千七百八十七両余　地主手取金

金三十万六千七十両余　地代店賃引下以前の地主手取金

右差引三万八千二百八十三両余　手取金不足

右手取金不足の分は町費四割減じたる六万二千五十六両余の内にて、これを償うも、なお残余二万三千七百七十三両剰余を生ずるをもって、これを積金とする積り、しかしこの金高も無論確定のものにあらず、店賃町入用掛り高書出したる帳簿に依り取調べたる概算に

過ぎざれば、愈（いよいよ）申渡しの後は幾許の増減は免れず

✺町会の一ヶ月の平均収入額調査

諸色掛の調査上申書は右の通りであるが、一番組より二十一番組及び番外二組の地主より書上げた、天明五年から寛政元年に至る五年間の収入平均一ヶ月分は、左の如くである。

一、金五十一万二千五百四十両余
　寛政元年一ヶ年収入高
一、金五十四万六千八百九十両余
　内
金七万両余　地主住居の地代
金八千八百六十両余　上納金
金四千二百四十両余　年貢
金千八百十両余　伝馬入用
金四十両余　助郷入用
金二百二十両余　白魚屋敷御菜入用
金五百十両余　上野・増上寺、天徳寺役金

町費掛り高五ヶ年平均一ヶ年分
金十五万五千百四十両余
内
金八万三千三百四十四両余　　定式臨時入用
金七千二百十八両余　　神事入用
金五万八百八十一両余　　家守給金
金一万三千七百二両余　　家守店賃
右酉年（寛政元年）の上り高と差引
金三十七万五千九百両余　　地主手取金

✺採用された町費節約策

かくのごとく町費の調査に関しては、あるいは町年寄に尋問し、あるいは名主肝煎(きもいり)にただし、その他の方法により調査の結果、町奉行所と勘定方と屢々意見を交換して、天明五年から寛政元年迄五ヶ年間の町費を調査し、これもまた奉行所と勘定方とで協議を尽した。

次には諸訴省略の方法箇条を取定め、江戸町々全体の地代店賃の総上り高を調べた上、上中下の三策を建てて楽翁公（松平定信）に伺ったが、その結果、公は上策を採用することとなった。

その上策を左に略述して見よう。

一、町々の纏（まとい）は以来組合一本と定め、大きさ二尺白塗りの事　但し小纏廃止

一、町火消人足は役人の指図なくして受持区外へ絶対に立ち入らざる事

一、町々の火の見はなるべく数を省略し費用を掛けざる事自身番屋は以来建拡げる事を禁じ、以後建直しの節は用向を弁じ得る程度迄手狭にする事

一、町抱えの者の革羽織は以来禁止し、ただちに木綿法被（はっぴ）にする事

一、町抱えその他に付いて掛り増す事有らば軽減する事

一、これまで町抱え、鳶、人足共仲間を集めて、その入用を町内へ負担せしめたが自今は禁止の事

一、公儀より下げ渡してある竜吐水（りゅうどすい）は、在来特別の費用を掛けたるゆえであるが、自今梯子（はしご）玄蕃桶（げんばおけ）同様に取扱う事

一、御触書を出した節町役人共はただ形式的な請書を差し出すのみで、一向触書の趣旨を町内に徹底させるよう取計わなかったが、自今は充分注意する事

一、町奉行所腰掛、薄縁ならびに湯茶等、自今訴訟人よりは一銭も差出させず、役所金にて賄うべき事

一、捨て子を貰い受けて養育致した者は、右の小児十歳未満にて病気に掛った節は、町役人

出張様子見届け、仔細なき分は一通りの届出のみにて検使を遣わざる事
一、拾い物の主判明の時は、町役人立会の上で改めて相違なくば、書付を取ってその者へ下げ渡し、拾い物の有った町内よりその段届け出づべき事
一、諸訴え事届け切りにて済む分、別紙の通り当人より町役人へ話し、右書付けに名主家主の印形を貰い、当人のみにて番屋へ差し出てよき事
一、自今上水普請ならびに道造りの外は町奉行所の掛りとなりし、故にこの外の願い届けは総て番所へ出すべき事
一、過失出火十間余の時は、届け出で小火の分は届け出でに及ばず
一、水銀納手形に程村紙を用いし者は、西の内、西の門を用いし所は美濃紙半紙と致すべき事
一、切支丹宗門ならびにばくち、諸勝負、淫売女の証文は、毎年三月月番所へのみ差し出す事
一、徒者無之旨の連判帳を、これまで毎年町年寄に二度宛差し出したけれども自今それに及ばず
一、日雇人別帳も自今、毎年二月に一度差し出すのみにて宜しき事
一、総町家主共茶屋へ寄合い町法評議を致す時、膳部等を出させてその支払いを地主共の負

担となす事は厳禁の事
一、家守の給金に過不足あれども、自今は周囲の釣合を考えて程良く引下げ、人数も二屋敷、三屋敷の地主共談合の上、一家守にて間に合わす事
一、山王、神田その他祭礼の儀、在来定まれる番組の外、ねり物万灯等一切禁止し、付祭りは総祭町にて太神楽一組、ほかに二組、都合三組に限定し、警固の者共華美の衣類は相成らず、小紋または紋付にて麻上下着用の事
一、そうじて祭礼休年陰祭と唱えて飾り物等致し入用を掛ける町あれども自今停止の事
一、祭講等とて取集め銭を留め置く町在れども、自今停止の事
一、総て御用達共へ下渡された御用物に対し、出火の節の持退き人足を特置きすべからざる事
一、御鷹ならびに御犬宿に致した町々の入り用今後は相掛けざる事
一、御鳥見寄合の宿町の入用今後相掛けざる事
一、町家敷売買の節、弘め金その他物入り絶対に掛けざる事
一、歩一金百両に付二両
一、間口ならびに代金名主へ銀二枚、五人組へ金百疋宛遣わす事
一、右のほか音物振回しならびに妻子等へも音物堅く停止の事、また芝居、船遊山等は絶対

禁止

一、地主替り弘め金は、売買の節の音物の三分の一の事

一、道造りならびに木戸普請等は大破または異変等は格別なれど、平生は普請と申す程の儀無きよう常に手入れする事

一、総て町入用取集め方の儀は、自今小間割一円に取極め面割以下は相止める事

一、所謂町内若者と称する輩、祭礼吉凶寄進勧進等の節、志を強請し、もし断る時には意趣を含み、仇を成す事等あるが、自今これが取締を厳重にする事

右の触は寛政三（一七九一）年四月十五日、月番町奉行の初鹿野河内守番所で申渡す事となり、年番名主居付地主家守一組に一人宛前もって申し渡して一々出頭の名前を書き出させ、前々日迄に十五日五ツ半時出頭すべき旨の剪紙を出し、同日九ツ時町奉行池田筑後守出席の上、一番組より二十一番組番外とも年番名主四十七人、地主総代家守共四十七人宛、肝煎名主総代五人、合計百四十六人、一同白州に入り両奉行立会の下に申渡しがあった。

この触書に対しては得失ならびに議論が多かったけれども、大体において実行されるようになった。

✺七分金（町財政の余剰金）の積み立てとその管理

一方幕府においては、銭の買上げを行ったために銭相場が急に引上り、それまで金一両に付、銭六貫文位の相場であったものが、四貫文から五貫文迄の間に引き上ったので、六貫文前後の銭相場の時に貸与えた家賃地代は、当然引き下ぐべきものとして引き下命令を出した。

このようにして物価の低落と町制の改革を成した結果、一割の内一分は町内の臨時費として積み立て、二分を地主共の増手取金となし、残りの七分を積立てて置いて貧民救恤ならびに不時の災害に備えた。これがいわゆる七分金というものである。

この積立金は地主名主共が協議の上でなければ使用する事を許さず、時宜に応じてこれを貸付け利殖の道を計ったのである。また前に述べたように、幕府は二ヶ年に二万両の金を下賜し、これを基本として浅草向柳原に町会所を建て、深川小菅向柳原筋違内の四ヶ所に倉庫を造って囲籾をなし、飢饉水火災または病苦の貧民救済の備えとなした。

かくて月々府下二十一組の名主が、日割りを以って同会所に出頭し事務を扱っていた。そして幕吏はただこれらの監督の務めをなしたに過ぎなかった。その後三十四年を経て文政十一（一八二八）年には、現金四十六万二千四百両余、貸付金二十八万二百両におよび、最高囲籾量四十六万七千百七十八石余となった。

✺明治五年に七分金制（町会所）は廃止、残った積立金は東京府へ

この町会所は王政復古後も依然と存続していたが、明治五（一八七二）年三月、府庁の命により遂に廃絶する事となった。

実に寛政三（一七九一）年より明治五年に至る八十一年間の長年月、江戸市民はこの七分金の制下に安逸の生活を貪っていたのであって、寛政の改革に対し公の非を鳴らした者共も、この七分金の制下に生活を立てていたのであるから、棺の蓋を蔽いて後知れる事が出来た公の遠大なる政策に対しては、敬畏の念を払うと同時に、公の徳を思慕せずにはいられなかったことであろう。

✺東京府へ出された積立金使用願い

町会所が廃止せらるるや百数十万両の積立金は東京府に収められたが、井上大蔵大輔、大久保東京府知事はこの金は当然東京府民の所有物である故に、東京府民が有益に使用し、府勢を盛隆になすべきであるとの意志を発表した所、早くも明治四（一八七一）年秋、東京府各大区御用掛総代の長沢次郎太郎、総区御用掛林富蔵、石見艦蔵、内田勘右衛門、桑原清蔵等が連署して、東京御庁に町会所積立金の使用を願い出でたのである。

すなわち彼等は町会所の積立金をもって銀行を起こし、また併せて府の土木工事窮民救助に出費せんとしたのであって、その趣意は次の二通の願書に詳らかである。

一、開化歩を進候に従い世上の形勢も変遷いたし人民所世の方向も日夜に相換わり僅かに機に遅れなば、たちまち活業に支障を生じ窮民途に迷い、ややもすれば官府の救助を仰ぐの外勘弁これ無く、畢竟自営の権を有さざる所より天賦之力能を更張するあたわず、たとえ微力のものといえども、衆力を協合すれば一大事業を起こすも難からざる事をも了解せず、貧福相共に孤立して協救の融通も行わず今日に至り、活路はなはだ乏しく極めて交際の信義を失い、公法にもとり良民を妨げ、御国辱を醸すもまた甚し、しかるに今度府民の窮を救うため町会所の積金ならびに御府の御拝借金とも完全に市民に御下げ渡し、府下永世不朽の基礎を興し、府民を保護し窮民の方向を定め、商業を更張して府勢を盛大ならしむべき旨を命ぜられ、実に千載の一遇、長夜の一燈とも申すべし市民の慶福無比上於茲謹しんでその事を参考究意致した処、尋常の事と対処するならば、財本を失うのみにて、その実効果して立ちがたく、かえって至仁の盛意を徹底せざらしむるに至るは必然に付、府下の有志富豪をしてこの事を会議せしめました処、幸に西洋普通のバンク法にならい、一個会社を結び起こし、右の御金と府民私有の金とを募り合わせ、財本を定め相当の通用切手を製し、広く四方の融通を聞き、貿易の力を添変災不慮の備に供し、道路橋梁の請負金を給し、平常窮民の救法をも取り設け申したく、そのようになりませば財本を失わず一般の助益にも相成、人民自営の力をも起こし、府下の勢を張ります旨申し上げます。至当之儀に付き、不朽の基礎も相立と申すべき折には私共倶々従事致したく存じております。とはいえ仕様規則之儀は官許前に付き猥（みだら）との風評相立ちましては、後日之妨げにも相成りますので、ご猶予願います。御沙汰次第内外事情折衷取調書を差し出しまして、かつ官許の上は、なお官の御保護をも頂戴致したく、何卒府民永世保全のため右商社取建の儀御免許下されたく、一同ここにお願い申し上げます。

明治四辛未（かのとひつじ）年十二月

各大区御用掛総代
長沢　次郎太郎　印
片岡　二左衛門　印
総区御用掛
林　富蔵
御用旅行に付無印
石見　艦蔵
内田　勘右衛門　印
桑原　清蔵　印

東京御庁

東京銀行仕法書

東京銀行

一、都而（すべて）西洋バンク普通の方法に倣い、先財産・資本高を定むその財産・資本は、町会所積金、同所附属金、家業身元金、ならびに販売株五万をもって定限とし、一株百円と定め、現在の財産・資本七百万円を得、もって一倍の通用切手千四百万円を製すべし

一、財本一倍の通用切手は貸金引宛の質物を受納め、他に預り金存在すれば無実の物に有らざる也

一、この千四百万円の働きは、甲はもって道路橋梁の請負金に供し、乙はもって商業便利のため引宛の質物を受納めて貸し出すべし

一、たとえば甲の働きを暫く措き、乙の働きを総高の半減七百万円の一ヶ年の利息一割二歩、この金高八十四万円、甲の働きを問わず先ず乙の働きのみをもって見積り八割四歩の算計を得べし

一、この販売株一ト株を販い得る節、先株金の五分の一、すなわち二十円を出す。残り八十円は銀行にて要用の時、十円あるいは二十円を限り、時宜のもとめに応して追々出さしむべし

以上

✺積立金使用願いに対する井上馨大蔵大輔の意見書

しかるに時の大蔵大輔であった井上馨は、彼等の願書に接するやただちに正院に対して、次のような意見書を提出した。

東京府下市民積立金ならびに当省貸下金年賦残をもって西洋普通之銀行取り結びたき旨東京府伺之趣最前審案細議し、その不可を具陳致すところ、なお御沙汰の次第も有之候に付き、厚く思惟致しましたが、本当に立会結社は人民その財本を合わせて協同公利を謀るとの事にして、つまり一人一個の営業と区別無し、尤も官府之其立会を認めいたし候は、その約束規則等において條規にもとることなきかを点検して公法を維持するまでの事にて、もとより官民の分界判然といたし、敢て混淆の弊害無きよう確然と憲章設立するは、欧亜各国の成規にも有之いわんや済貧恤窮等のため集合せし財本をもって銀行を取立する等は、決して類例も無いように見えます。畢竟其分界如斯判然たらしめ候もまま実際経験の弊害も有る次第で、その法制も相備わりつつあることなので、今日百事創造の際、強いて変通の時期にこれなきようにできるのか、と繰り返し考えてみると、誠に東京府伺書についてまずこの会社御許し相成り、将来の会社施業の際までをも憶測推考してみると、今会社の資本は全く市中の共有物にて、さらに前年より積立の金額に候得は別而株主または財主と可相成者も之有間敷しかるを諸商売営業の身元金を加入せしめ、株札をもって株主に相渡し、あわせて社中営業の財本といたし候わば、一種の金額は素より済貧恤窮その他の費用にあてるべきものにして、株主または財主は無之候得は止むを得ず府庁または社中より人選いたし、その事を担当為致候事を可相成歟(か)而して一種の金額は既に商人の身元金にて、各其殖益のために加入いたし、かつ現在株主も有之候得は銘々その所見に従い、方法も取捨いたし度は当然の事に有之到底合併の金額両般と相成何様の規則相立候とも遂に官府の裁制無之而は不相成様成行候は必然之勢に有之。もし果してその次第に至り官府よりこれを裁判せしめ候はば、即前書の規則にも相反し、とにかく種々の障害を生じ遂に専制を要し候様成行其弊害も数多可相生ずる事と存候間幾度覆案仕候而も先御許可無之方可然と奉存候しかし折角府民協同之上願請之筋も有之候らはば右積立金之儀は尋常の義社法にいたし西洋普通之助成会社セーヴィングバンク為組立唯小金、高之預り金および貸付等を社中の事業とし、其殖益をもって済貧恤窮または橋梁道路の修繕等に供し当初之目的を相達し候はば全く積立金之要旨も相貫き府下人民一般之助成にも相成両般全備を得可申と奉存候、尤も株札をもって財主を協同し真正之会社組立之義は西洋一般之通則には有之候得共もとより人々之望に応し候事にて、決して之を強制可致義と無之候間漸人智開明に至り自然之運歩に任せ候方かえって適宜を得可申と奉存候此段再度申上候也

辛未十二月　　　　　　大蔵大輔　井上　馨

正院御中

ここに示されているように、井上大蔵大輔はこの町会積立金の使用法に対しては公工事業に費す際でも、飽くまでも旧町会所の本旨を遵守し、これが貫徹に勤めるべきであり、また銀行建設に付いてはこれより先明治四年夏に三野村利左衛門を盟主とする私立三井バンク建設願が出ているから、国事多端の際、これ以上銀行を作るということは考慮すべき事であるから、銀行設立に付いては反対を述べなければならないという意見であった。

✺東京府は営繕会議所設立に向け辞令交付

そしてその後営繕会議所が都下屈指の富豪連によって建設され、この町会所積立金が公工事業に使用されたのを見ると、長沢以下の願いは有耶無耶（うやむや）の中に葬られてしまって、改めて明治五年八月十日、三井組名代三野村利左衛門、田畑謙蔵、鹿島清兵衛、同清左衛門、同利右衛門、西村郡司ら六名が召出され、今回町会所を各国の下院と申すような制度に改め、府下の儀を集議すべしとて、元町会所取扱所を御引渡しになり、左の如き辞令が東京府より公布された

三井組名代　　　三野村　利左衛門

同　　　　　　　齋藤　純造

小野善助名代

行岡　庄兵衛

鹿島　清兵衛

榎本　六兵衛

西村　七右衛門

右営繕会議所頭取申付候事

但銘々出頭会議所規則至急取調可申出事

壬申（みずのえさる）八月十日　　東京府

小野善助名代

田畑　謙蔵

島田八郎左衛門名代

藤田　東四郎

鹿島　清左衛門

鹿島　利右衛門

倉　又左衛門

岡田　平馬

西村　勝蔵

右営繕会議所掛申付候事
　但銘々出頭会議所規則至急取調可申出事
　　壬申八月十日　　　東京府

営繕会議所頭取　　三野村　利左衛門
同　　　　　　　　鹿島　清兵衛
同　　　　　　　　榎本　六兵衛
営繕会議所掛　　　田畑　謙蔵
同　　　　　　　　鹿島　利右衛門
同　　　　　　　　倉　又左衛門

右橋梁修繕溝渠浚方掛り申付候事
　但修繕設方順序手続夫々見込相立早々可申出事
　　壬申八月十日　　　東京府

営繕会議所頭取　　齋藤　純造
同　　　　　　　　行岡　庄兵衛

同　　　　　　西村　七右衛門

営繕会議所掛

同　　　　　　藤田　東四郎

同　　　　　　鹿島　清兵衛

同　　　　　　岡田　平馬

同　　　　　　西村　勝蔵

右道路水道修繕掛申付候事

但修繕之順序手続等夫々見込相立早々可申出事

壬申八月十日　　東京府

右之通被仰付候事

✹営繕会議所所員連の建白書により東京会議所と改称

営繕会議所は、かくして設立を見たのであるが、この営繕会議所の担当事務は辞令にもある通り、道路橋梁溝渠の営繕に止っていて、全都一般の公益事業に及ぼさなかったので、明治五年九月二十七日委員連の協議の結果、町会所創設当初の素志すなわち松平定信の意のある所を尊重し、東京会議所と改称し漸次民会の階梯たらん事を期し、次のごとき建白書を東京府庁に提出したのである。

明治五（一八七二）年十一月発行の郵便報知新聞に現れたるものを採記すれば左の通りである。

府下元営繕会議所頭取三井八郎右衛門外五名より東京府へ、建白書

先般営繕会議所を被建設卑賤の私共へ右掛り被仰付営繕の儀ありがたく御下問を受け候段右今未曽有の御盛事冥加至極有りがたき仕合と存じます。以前から道路橋梁の損壊は車馬を傾倒し行人を傷害し水利の法、その宜を得ざる時は人民の健康を害し、疫病を起し、遂には都会の盛衰と関係致候儀不容易、かつ東京の繁華は実に英仏諸大国にも劣らざる土地に候所、右様損壊の所あまた候ては独り国内の利害のみならず非難を外国に取り候儀に付、十分の衆議を集め万全無遺の策にこれ無くては相成ずと存じます。恐れながら東京全市の事務は多端にて特に営繕の一時に無之市学建設の順序、交易通商の利害、窮民措置の方法、生業保護の得失に至りては衆議を尽くし公論を集むる事あらざれば、一定の良法は立て難きものの由に御座候、外国にては上下の議院を取り設け、上は貴族、下は平民の代員を選挙し、国内の利害損益は更なり、隣なみの交際和戦に至るまで、会議致候由、承知仕候、当今朝廷において既に左院の御設け有之右は全の上院の姿にも候哉、未だ下院の御沙汰は承知不仕候得共追々右辺へ御目途あらせられ、候御儀と奉存候何卒府庁にても右へ御注意あそばされ、営繕会議所をもって会議所と致させられ、全市の利害得失を講究討論仰せ付けられ候はば、独り営繕の一義その便利を得るのみに無之前文市学教導を始め、一切人民に関係致し候事務逐一その

便利を得可申候かつまた選挙の法相立候はば、平民の内俊秀抜群の者現わしこれまでのごとく自己居宅の外一歩の地も、他人の者と心得、何事も政府への御煩労を託し御国内の損益を顧みざる風習自然に変化致、商人の行状商会の規則も相立、下民の実情政府に貫徹し政府の御念慮は下民に感通し候儀此一挙に可有之と奉存候、左候らはば営繕の如き右衆議中の一部分まで力を費さずして良法善策も可相立府庁御担任の事項平民これに代わりてその一部分を担当し、上下一致所公明正大の御趣意此所に可有これと、恐ながら推察奉り候、右御採用相成候上は先に差し向き平民有志の者市政ノ儀に付存付有之候はば少しも遠慮なく右会議所へ建白致し候様御布告有りの度これに於て市民一同奮発致し良策も招かずして群集致し、万一言うべし、言うべからずの対立有候らば夫々説諭相加え、玉を取り石を捨て善美の境に至るべく存じます。卑賤の身分御選任を受け感激に堪えずこの段奉建言候　恐惶敬白

この文面の中「外国には議院が設けられ上は貴族、下は平民の代員を選挙し国内の利害損益は更なり隣なみの交際和戦に至るまで会議致候由承知仕候当今朝廷において、既に左院の御設け有之右は全の上院の姿にも候哉未だ下院の御沙汰は承知不仕候云々」の一句があるが、その口吻から推察すれば、上院とは、すなわち元老院の事であって、下院とは現今の衆議院のごときものを建設しようと計画したのであったが、この営繕会議所の事業の範囲たるや東京府庁によって管轄

されていたのであるから、ここでは府会に相当するのである。また、この文面の最初に三井八郎右衛門外五名とあるが八郎右衛門は関係なく、三野村利左衛門と齋藤純造の二人が三井を代表していたのである。

✺東京会議所の活動で東京は一新され、伊藤博文は利左衛門を賞賛

この建白書によって府庁は所員の願を聞届けて東京会議所と改名したので会議所は直ちに活動を始め、分担によって橋梁の新架修繕溝渠の新設、道路、水道の布設に甚大な成績を示し、東京の面目を一新するに至ったのである。

その顕著なる例としては明治五年焼失した銀座通りを取り広げて、煉瓦道と成し、その両側に不燃質性の煉瓦家屋を建設したるが如きであって、また墓地の整理、ガスの製造、鉱油灯の設置、商法講習所の造立等、先の営繕会議所当時の業務を進展させたが、中にも利左衛門ほとんど独力にての献身的努力に対しては、伊藤博文は大いに感激し、彼に次のごとき一句を贈りその行為を賞賛した。

修数百年崎嶇之路
造千萬人来往之橋
三野村主人雅筌　　博文

（口語訳）
数百年にわたる険しい道をなおし
千万人が往来する橋をつくる
三野村主人がお作りになった　　博文

この博文の書は深川三野村邸大広間に掛けられて利左衛門の功績を語っていたが、去る大正十二（一九二三）年九月一日の大地震の火災により烏有に帰したことは誠に残念であった。

✵東京会議所は府下の貧民救済策を立てて実施

右に述べたような会議所の事業の内にて、楽翁公の徳を頌える代表的なものと世間から考えられているのは養育院の設立であった。

明治五年九月ロシアの皇太子が来朝するとなるや、東京府においては、府下に横行する乞食非人を一ヶ所に狩り集めて収容の上、救済手段を講ずる必要を生じ、会議所に下問した。よって会議所は府の下問に対し工場開設、日雇会社の設置、老幼廃疾窮身者救育の三方法を建議し、先ず本郷前田邸内に収容所を設け長谷部善七をしてこれを管守せしめたが、国賓退京後もこれを市中に放つ事の不利なるを認め前田邸内より浅草溜に移し、更に上野護国院の営繕修築完成を待って移転し、六年二月六日男女百四十人を定員として養育の方法と訓務規則を立て、薬室を置き、医師を雇いなどして至れり尽せりの設備を施した。幸橋内の力役場においては院内の強壮者を選び仕事を授け、労働に馴れしめもって道路の修繕等に使役した。その他老幼婦女子にはその骨力に応じて業を授けたのであって、夫々賃銭を供しその幾分を蓄積させて他日独立就業の際の生活費たらしめんとした。

この養育院は九（一八七六）年五月二十五日、制度を改革したが、その日までの総経費は五万三千百二十六円七十七銭八厘であって、積立金より支出した額は二万二千三百八十五円十九銭四厘で差引三万七百四十一円五十八銭四厘は、東京府庁からの補助金であった。

✺東京会議所を純粋な民会に戻す動き

かくして明治八（一八七五）年五月に至れば会議所の事業も漸く完成に近づくと同時に、予算も残り少なくなったので、第一国立銀行ならびに三井組から各一万円宛を負債して院費に充て、七月に会議所附属地を競売してその評価をもって負債を償却したが、会議所はこの時に至ると官民何れのものとも判明せず、設立当時の趣旨に反して来たので、これを純粋な民会に引き戻すため、府県下に実施されたる区会・町村会の規則を斟酌（しんしゃく）し、議事と行務の二科を独立させ事に当らんことを東京府庁に願い出た処、同年十二月四日許可書が下り、九年一月よりそれが実施を見るに至った。

すなわち渋沢栄一を会頭に推して行務課の頭取を兼任させ福地源一郎を副会頭に選定した。

✺東京会議所廃止に向けての流れ

その後会議所の事業もすべて完成を見るに至ったので、行務一切の案件はこれを府庁に還納し会議所の貯蓄金は府下人民の共有物であるから、府庁に上陳し許可の上保存使用すべきものであると衆議が一決したので、渋沢会頭は直ちに府庁にこの由を通じ、会議所起立以来九年二月二十九日迄の金銀一切の出納を詳述し、皆洋式に倣って各種の計算書を作成し、九年三月七日、府庁に呈出したのである。

府庁はこれを採用し、業務還納の期限は追て下命する旨を答えた。

これによって還納の日までは元々通り新規事業の興隆に尽力していた処、九年五月二十五日限り業務還納の命があり、会議所が保管する所の家屋物件と担当していた会議所の権限とを府庁に還納し、十年六月十八日をもって会議所は廃絶を見たのである。

次に明治五年より同九年五月二十五日までの収支決算の大略を記せば次の通りである。

原資金総額

金百五十八万九千百十三円三十三銭八厘

内

第一　従前より蓄積せる金額

第二　府庁より下附補助せられたる金額

第三　諸収入額

支出総額
　金百二十四万五千八百九十九円六十五銭一厘
差引剰余総額
　金三十四万三千二百十三円六十八銭七厘
この剰余金こそ、現在の東京府庁建設の基立金となったのである。

✺三井組で独自に育児方を設ける方向に動いた利左衛門

養育院事業の創設に当っては東京会議所頭取三野村利左衛門、齋藤純造、行岡庄兵衛、田畑謙蔵の四名の努力は非常のものであって、前述した通り営繕会議所において当然行うべきであって、行い得なかった当事業を興したばかりか、院費の中に多額の寄付をさえなしている有様で、専心楽翁公（松平定信公）の存意に添い奉らんとした心情の発露といえよう。

しかしこの事業も半途にして東京府に引き継ぐことになったため、利左衛門は大いにこれを残念に思い、彼一個の計いによって三井銀行に育児方という機関を設けるに至ったのである。

終わりにこの件を記しておきたい。

先に政府は東京府内廓清のため、当時府下に充満していた旧幕臣ならびに無籍無産の浮浪者を一括して下総原野に送り、開墾事業に従事させたのであるが、小金ヶ原開墾事業の章に述べた通り、この開墾事業は一、二の社員の営利的手段に壟断せられて折角の政府の苦心も水の泡となり、これら移住開墾民はまたもとの浮浪者に帰って、まさに興隆ならんとしている東京府下に期せずして群がって来た。しかし余程甘い手蔓がなければ生活費を握る事が出来ずして、食って行かねばならぬ者は乞食非人の群に落ちて行くより外に道はなく、金はあっても俗に言う士族の商法で少しばかりの資本は瞬く間に消失し、結局は貧窮民にならざるを得なかった。

これに加えて明治九年は小野組破綻の影響が未だ鎮らずして、資金の融通は途絶えてしまっており、なお皮肉の事に米作は大豊作で米価は下落の一途で、底が知れぬという有様であった。このため農家や米商人にとっては一大恐慌であって、これ等からもまた、にわかに貧窮に喘ぐものが続々と現われてきた。これ等の生活道を絶たれた貧民は児童の養育等は思いもよらず、自分が生きるために心を鬼にして子供を市街に棄てなければならなかったし、こうした陰には子殺し、堕胎も盛んに行われていたが、これとても決して悪心からではなく、ただ生活故に良心を失っているのであって、誠に不憫と思わしむる事共である。楽翁公の遺業に共鳴し、あくまで町会所設立の趣旨を奉戴して、これが実現に努力した利左衛門が当府下の貧窮民の惨状を目にした時、彼の性格として、これを放置して置くような事は無く、胸中深く画策する所があったのである。

✺東京府に提出した育児方を設立する願書

これ等を全部救恤（きゅうじゅつ）致したいのが本意であったが、その折三井組では金融凝滞のため貸付金の利子も取る事が出来ない有様であったから、不本意ながら五百人を限り御許可の日から向う十ヶ年間を一期とし、予算十三万円で次第に全部に救恤を及ぼして行く事になり、八年九月十日、利左衛門は東京府知事大久保一翁に宛て、三井組内に育児方を設立する旨の願書を提出した。その文面に曰く

近来金銭之融通梗塞致し候より動産物之活動を失い、それがため小前の者とも活計之道困難の余り家族大勢之者は児童の養育行き届き難き処より遂に市街に棄て置き候者日一日より多く、現に当組私有貸地の内においても先般来数回に及び見聞く次第も御座候、この体をもって推察致し候得ば巨万之細民中には心得違いにて、子殺しまたは堕胎致し候者もどれほど有るであろう。およそ人情において児孫を愛護せざるの念あらざるものはこれ無きが道理なるに、往々右様の残忍でむごたらしい所業に立至り候は、その父母たるもの天理をわきまえざるの致す処と申しながら、その身生きるに困難なるのみならず、一両人児あるものは、これを養育する能わざるよりして良心を失い、愛児を殺しまたは棄て置く等の所業を致し、上は朝廷人命を重んぜらるるの盛意にもとり、下はその身天地に受け入れられざるの罪の痕跡を招く所へもおしおよぶべき事とまことに憐憫の至りに堪えません。素より富あるものは貧し

きを救うは人間の通義なれば、当組においても充分救恤の力を尽し申したき意中には御座候得共、近来各所取引先破産退転等の者陸続しかつは金融凝滞のため、貸付の取立、利子の収入もはか取り申さず、従って右救恤の方法も充分には行き届き難し。さりながら現在の細民の危急は片時も傍観すべき場合ではないので、事業がどれ程苦しくなるとも非常の倹約を行い、まず窮身の養育致しかねる児童五百人を限り、この方法御許可の日より向う十ヶ年間を一期として、十ヶ年十三万円余の見積りをもって目指す救恤取り行い申したし、右規則は別冊之通りでございます。そもそもその数を限りましては、一般に行き届き難きは当然のこと、不本意ではございますが何分此上の資力は及びがたく、ついては外に同志がいて、当組育児方に加入を望む人が有りませば、その加入の数丈けを漸次に増加致し、当組引受分はいつまでも五百人より減し申さず、かつまた此外の方法を設けて救育致候人有之ば猶以重畳と奉存候左候得ば終には一般に行届候邊へも相運べき哉に奉存候多少の至らざるは宜く御賢察御許可奉願候然る上は新聞紙に掲載し、またはその他の手続をもって世上に公布致し、もし同志加入を望む者有ります時には当組へ申し越し次第その日より差し加え、その旨当組より都度々々御府庁へ御届け可申上候ついては加入を望む者が御府庁へ直願致すことありましたら、御府庁より当組へ御達し下されたし。此他之手続は別紙規則の通り取扱い致します。御許可に相成候上は来る十一月一日より実施致しますので、宜しく御府庁より夫々御達し下さ

れたくお願い申し上げます。以上

明治八年九月十日　　　　三井組総取締　三野村利左衛門

東京府知事　大久保一翁殿

この願いは直ちに聞き届けられて翌九年一月一日より開始する事になり、育児方法大旨を公にしたが、これは前記の願書と殆んど同一であるから、ここには明治八年十月二日発行の郵便報知新聞の記事を採録する事にした。

今度三井組にて府下貧窮人の子供を五百人丈け満十ヶ年の間一歳より六歳迄は白米三合ずつ、七歳は四合と定め施与いたし度しとその筋へ申し出たと聞ました。

三井よりは華族方こそ遊ぶ御金があるならば施しでもなさいまし。東京は貧窮人沢山で御座いますからこのよい事が行き届きましたら身投げや首吊りが少しは減りますだろう。

然る所明治九年七月一日、三井銀行が創立して三井組の名称は廃止され、旧三井組で取扱っていた諸事業は総て三井銀行に引継ぐ事になったので、育児方も銀行内に移されたのである。

この利左衛門の発願に関る育児の美挙は府下はもちろん全国津々浦々に至るまで鳴り響き都下の新聞は挙って記事を掲げて称誉の声を惜しまなかった。その好適例として左に横浜毎日新聞の記事を挙げておこう。

✺育児方を賞賛した「横浜毎日新聞」の記事

訓盲院は有名なる中村、津田、岸田諸氏の発意協力に依りて成らんとす、これ我が国の教育の一新課を創むる者にして最も喜ぶべし、ここに我輩が近日聞き得たる一美挙はかの訓盲に伯仲して更に時弊に功ある者あり、

夫(それ)は海内無比(かいだいむひ)の豪商と聞へし三井組の一手を以て育幼院を東京に創立し先ず差し当たり児数五百を限りとし全部の為に洗児惨堕胎の害を極めんとす（中略）今より後海内の仁人この美挙に観感し幾多の育児院を興し洗堕の弊害を絶ち百千の生命を保全して能く人口を繁殖し以て他日国家の富強の一基礎を助くる実にこの挙に基することあらんには三井氏を称して我が国の「トーマスコラム」（英国の幼院を改良して多くの幼児を救いこの制度の一面目を改めし人）と言うも過誉には非らざるなり、

然りと雖も実親の生児を養うや天常の当務なり　今これを放棄して他人の手に保育せしむるは風俗の壊廃と人民の貧困による者にして此の院の設けある蓋(けだ)しやむを得ざる極弊の一術、備急の権道(ごんどう)のみ、

若しそれ風俗淳厚家富(じゅんこういえとみ)人足りたらんには初めより此の院の設けを要せず、其の美豈これ

に過ぐる者あらんや、其の然り保幼院の誉れや極弊備急の権道たるを以て之れが制を立つる恵に過ぎ恩に失する者あらば世間の父母をして甘んじて天常の恩親を破りその子を遺棄し他人の手に附託して省みざらしむるに至る、その弊害尚貧院の制その宜しきを得ざれば人々の心気破り自主の風俗を失わしめ徒に怠惰の弊を生ずるとその例恰も一般なり、西国古来の実験索索見るべし、

吾輩三井氏が今回の美挙を聞き歓喜自ら禁ぜず左の一篇を訳出してその参考に備えるもまたその制の弊害無からんを欲するのみ（中略）三野村氏をはじめ実才鍛錬の聞こえある主管諸氏会議するありと聞けば不日その功を遂げ完美無弊制成るや見るべくまた斯くあらんことを今より予め諸家に望むところなり。

第十章

利左衛門終焉と逸話

1 終焉

利左衛門は文政四（一八二一）年、関口松三郎次男として生まれてより艱難辛苦を重ね、天保十（一八三九）年、漸く江戸に出でて深川の種油干鰯問屋丸屋に奉公することとなった。二十五歳にしてその才智を認められて、神田三河町紀伊國屋利八方に婿養子として入り、嘉永五（一八五二）年に天秤を譲り受け両替屋を始めてよりは、幕府御勘定所役人衆の恩顧を受けつつ三井両替店に出入して信用を得るようになった。しかるに元治元（一八六四）年、幕府より三井家に対し五十万両の御用金を仰せ付けられた時に、彼は三井のために平生親交のあった勘定奉行小栗上野介に説いて、御用金免除の恩恵に浴してからは、ますます三井の信任を得て、慶応二（一八六六）年、前例を破って御用所限り支配人として三井家の一員となるに至った。

それよりは粉骨よく三井家のために尽くし、その後の数回に渡る御用金に対しても三井家に利益になるように解決すると共に、また幕府のために江戸横浜御用所札を発行し、明治維新となりては官軍東征に当って軍費の補給、太政官札の流通に力を致した。

その結果、予想外に早く明治政府の基礎を確立することが出来たと同時に、主家三井の家名も永久に存続せしむる事を得たのである。次いで明治二（一八六九）年には、通商司が設立せらるると共に三井八郎右衛門名代として事に当たり、五（一八七二）年には為換座開設を始め、三井小野組合銀行より第一国立銀行への変革に尽くし、あるいは営繕会議所の事業の達成に努力したが、一番彼を苦しめた事件は小野組破産と三井家大改革とであった。

このように新日本経済界のために、少しも休むことなく寝食を忘れ全力を尽くしたために、心身の疲労を来たして、明治九年遂に床に就くこととなり、翌十（一八七七）年二月二十一日、五十七歳を一期として永眠するに至った。

三井家としては諸事大体緒に就いたとは言え、未だ利左衛門の努力に待つこと多きに際し、その悲報を受け取って非常に落胆し、直ちに祭祀料として大元方より金一千円を贈られたが、三井銀行株主は慈父を失ったような失望をもってこれに接し、株主一同協議の結果、次のような重大なる願書を三井家大元方に呈出した程である。

故三野村利左衛門殿霊台鎮座之儀に付而は三野村利助殿始め外親族申合自家之庭内に建築可致由承り及び候処此程当銀行当地居住の株主一同の者より申出候には同氏儀は御維新以来三井組に対し候ては別して功労を尽くされ、また銀行と改称の後も当社へ格別の尽力を致されましたに付、旁以貴方深川の下邸内顕名御霊社へ合祭成し下され候はば株主一同大慶無限の旨申し出されておりますので、右御許容下されたく此段御依頼申し上げます。

明治十年三月十九日

三井銀行株主総代理

今井　友五郎

森　藤五郎

麻田　佐二平

齋藤　専蔵

平尾　賛平

齋藤　銀蔵

川村　源兵衛

藤田　富之助

三井組

大元方御中

一方東京府に対しては永眠即日三井銀行より左の如き届書二通を差出した。

以書面御届申上候

当銀行総長代理副長三野村利左衛門儀昨明治九年七月中旬より不快にて引籠りまかりあり

候処本年一月中より追々衰弱つかまつり終に本日午前第一時十五分死去つかまつり候間、此段不取敢御届奉申上候也

明治十年二月二十一日　　　　三井銀行

東京府知事　楠本正隆殿

以書面御届申上候

当銀行総長代理副長三野村利左衛門死去仕候に付而は当地居住の株主一同衆議の上、三野村利助を以総長代理担任為仕候事と決定仕候間此段御届奉申上候也

明治十年二月二十一日　　　　三井銀行

東京府知事　楠本正隆殿

右の三野村利助は利左衛門の相続者であると共にその事業の後継者として、今迄三井銀行において監事であって、父利左衛門の助勤を勤め、その手腕においては決して父に劣らなかった。それ故銀行内においては、父利左衛門同様の信任があったために、父の死後直ちに推されて総長代理となったのである。

また三井銀行株主一同から大元方に対し、利左衛門の霊を顕名霊社に合祀して欲しいと請願し

た事は右に述べたが、此顕名霊社とは、三井家の御先祖のみを祭った霊社で、明治初年までは京都在葛野郡木宮神社境内に鎮座されてあったのである。そして明治五（一八七二）年、利左衛門が三井の総本部は当然政治の中心地に移すべきであるとの信念から、総本部を東京に移した時、顕名霊社も共に東京深川の三井別邸内に遷座したものであって、今まで臣下を合祀した例はなかったのである。しかし、その例を破って合祀したということは、いかに利左衛門が三井家より尊敬を払われていたかということが知られると思う。

ここにおいて考えるのに、利左衛門は慶応二（一八六六）年初めて三井家の一員として働くようになった時、数百年来の三井家の旧慣を破って直ちに支配人格で登用され、その終焉に当っては、三井家の祖先の霊のみを祀ってある顕名霊社に一時なりとも合祀されたというように、最初と最後において厳格なる三井家の慣例を破り、永眠と共に三井家先祖同様の取扱いを受けたということは、この一時だけでも彼の功績のいかばかり多大なりしかを推察するに余りあると思う。

一度三野村利左衛門死去の報が伝わるや、東京府知事楠本正隆は明治十（一八七七）年三月十九日、人事第六千六百号をもって右大臣岩倉具視に対し左の如き追賞建議書を呈出した。

当府平民

故三井銀行副長

三野村利左衛門

右之者儀去月二十一日病死ニ付事蹟及取調候處同人義ハ維新以来理財上ニ付而勤労不少其履歴概略別紙之通ニ有之右之外最著名ナルモノ明治元年ニ在テハ有栖川宮大総督ヲ以東下之節軍資金調達之為メ四方ニ奔走シ太政官札御発行下民之信用未除際流通事宜ヲ建言シ官其言ヲ採ラレ紙幣流通ノ効不少貿易為替之諸会社創立之際当府下及ヒ京阪等ノ富豪ニ説キ夫々結社為致加之三井八郎右衛門ヲ輔翼シ同組ニ於テ大ニ公私ノ便宜ヲ成シ及ヒ明治八年育児院ヲ起シ資ヲ捐テ貧児ヲ養育スル等之事有之候訣組ニ在テ百事斡旋之所致尚其他履歴上ニ依レバ大蔵省ニ関シ候義モ不少相見候間同省之協議ヲ受候処同様ノ意見ニ有之他一般之奨励ニモ相成義ニ付此際非常之特典ヲ以元商法司知事奉職之廉モ有之候條追賞トシテ相當贈位之御詮議相成候様仕度依而状ヲ具シ此段上申候也

明治十年三月十九日

東京府知事　楠本　正隆

右大臣　岩倉具視殿

これに対し翌三月二十日右大臣本局大木参議より次の意見書を右大臣手元に呈出した。

別紙東京府上申故三野村利左衛門追賞之義右ハ同人義明治元年以来公使ノ便益ヲ謀候義等

ハ履歴上尋常一様の次第ニ無之様相見得候得共相当贈位之義ハ不容易次第ニ付先以左之通御指令可相成哉此段相伺候也

御指令案

書面贈位之義ハ御詮議之次第モ有之候條更ニ相当追賞等之見込取調可伺事

そうしてこの利左衛門追賞の義は思うように進捗せずして、その年も暮れて、十一年の春となったので、明治十一（一八七八）年二月、大蔵卿大隈重信は再び左記の如き利左衛門追賞の建議書を太政大臣三条実美に呈出したので、遂に破格なる贈位の恩典に浴すことが出来たのである。

三井銀行総取締　三井八郎右衛門代理

利助父

故三野村利左衛門

右維新以来前条之通従朝廷主家三井八郎右衛門へ御用被仰付候節に主家を輔翼し百般之事務に鞅掌（ようしょう）しなかんずく国立銀行設立の義についてはかのものの功労不少其後小野島田破産閉店之際官庁人民之間に斡旋従事し公私之御損失不相成候様厚致心配且者於主家も右覆轍（ふくてつ）を不踏候様三井銀行を創設し永遠之基業を確立し、次には官省府県為替方取締方法之義については彼是意見上陳之趣も有之、其他財政上於官庁直接に難取扱事件有之使節は被者（かのもの）へ申付周旋尽力致させ候義も属次有之終始其忠志を不改誠実に相勤上下に対し其功績不少於商人者殊勝奇特之者に有之候依て去十年四月中於東京府履歴其外取調委細相伺置候趣も有之候由にそうらへば此際格別之御沙汰を以品能被仰付度左候得は於彼者地下之面目不過之事に付早急御詮議被遂候様致度存候

前条伺之趣廉々御聞届有之候得は商人一般之奨励とも相成衆庶挙而感発興起可致之付別紙履歴書為差出三野村利左衛門履歴書は東京府より差出居候に付相除候一応遂稽査（けいさ）候処当時匆卒（そうそつ）の際且経年之義に而於当省格別致対照候書類は無之候得共其節之情態不能慨想次第深く御汲分有之度尤も此程右大臣殿より御内諭之趣も有之旁以於当省致取調候事に候間至急何分之御詮議有之候様致度依而履歴書其他書類等相副此段相伺候也

明治十一年　月　日　大蔵卿　大隈重信

太政大臣　三条実美殿

右の如く大いに問題になった利左衛門の贈位一件は政府部内の多端の際にあったから遂に延引しておった処、大正四（一九一五）年十一月、大正天皇御即位の大典に当たり、当時の大蔵卿大隈重信は内閣総理大臣として一世に時栄いた際であったので、この御大典を機として利左衛門に従五位の位を追賞されたのである。

2 逸話

今迄で三野村利左衛門という人物の歩いて来た筋路は大体言い尽したつもりであるが、最後のこの項においては彼の性格の特徴を例をもって説明して終りたいと思う。

豪膽（ごうたん）なりし事

利左衛門は事を成すに当って決して動じなかった。もし己れの信じている事に対して反対を打つ者がある時は、その者に対しどこまでも挑戦するという風があった。その例としては、三井組が為換座を経営していたある日、大蔵省より得能紙幣頭が五、六人の検査官を引率して、突然三井組の検分に出張して来た。その時、利左衛門はあいにく出勤しておらず、利助ならびに西田善七等が詰めていたのであるが、皆震え上ってしまって検査を受ける順序等も全然分らなくなったために、得能紙幣頭は仮にも官金を取り扱っているのにかくの如き帳簿の認め方は不都合極る事である故に、早速官金取り扱いの権限を政府へ引き揚げてしまうと一同を叱り飛ばし、非常に怒って帰って行った。一同は直ぐにも御用免の御沙汰が来るものと思って、心配の余り直ちにこの顛末を利左衛門に報告した。ところがこれを聞いた利左衛門は得能という奴は実に小癪な奴である。

よし俺が行って井上と談判して来ると言って、半分髭を剃りかけたまま飛び出して大蔵省に駈け付け、井上大輔を遣り込めて帰って来たという話が残っているが、要するに当時の大官、例えば井上はもちろん、大隈にしろ渋沢にしろ一時は皆利左衛門より物質上の援助を受けていたのであるから、雷親爺の綽名を持っていた井上でも、利左衛門に正面から追及されたならば、ある点までは譲歩せねばならぬという有様であったのである。

次に明治五（一八七二）年九月十二日、新橋横浜間鉄道の開通式があり、天皇陛下も臨幸遊ばされる事になった。その式典において東京ならびに横浜商人の両代表が祝辞を読む事になり、東京側は三井八郎右衛門が代表し、横浜側は高島嘉右衛門が代表になっていたが、八郎右衛門の祝辞は利左衛門が代読する事が内定した。

よって利左衛門はその原稿を、閉店後の御用所の二階で気が違ったかと思う程の大きな声で毎日練習して一週間程続け、その祝文を暗記し終えると、林静雄に清書させ仮名を付けさせて当日の来るを待っていたが、当日となるや式場において陛下の御前に進み出で、恭々しく拝礼の上祝文を読み上げ始めた。ところが一、二行読んだかと思うと、後はムニャムニャと何を読んだかさっぱり分からなかったけれども、彼は泰然自若として祝文を巻き収めて退出したという事である。然るに陛下の側に侍立していた岩倉公は非常に驚かれたが、何しろ平気で利左衛門は引き下ったので、後で彼奴は度胸があるからどうにか不首尾をしないだろうと思っていたが、あの場合には自分の方が大いにまごついてしまった。とにかく三野村の手際は豪いものだといって、非常に御褒めになった。

当の利左衛門は、陛下の御前に出た時には周囲に大勢侍立しておられた人々の顔は少しも認める事が出来ず、山尾庸三君の顔の記憶のみあって、他は総て朦朧として分からなかったと答えたという事である。

この話などは、いかなる重大事件に直面しても決して不首尾をなさず、その目的を成し遂げるという彼の性格の適例であろうと思う。

恩顧を重んじたる事

利左衛門は自分と関係があった家の家族等で、処世上不遇であったり、将に家が断絶せんとしているようなものがあれば、彼は出来得る限りの力をもってその面倒を見る事に努めると共に、これを己れの責任と考えていたのである。

例えば彼の父の実家である庄内藩の関口家ならびにその親戚たる安藤家に対して、もし生活の安定を欠くような事があれば、東京に来たならばいかなる面倒でも見るであろうと申し伝えた事があったが、両家とも旧主を庄内に残して臣下たる我々が土地を離れる望みはなしと固辞したので、この両家に対する関係はその後は絶えてしまったが、血縁はなくとも恩顧の家に対しては実に至れり尽くせりの心遣いをなしたものである。

例えば前に一再ならず述べた大恩人・勘定奉行小栗上野介が、慶応四（一八六八）年閏四月六日、上野国権田において敢なき最期を遂げられた際、夫人、令嬢は漸くにして難を逃れ、会津その他を逃げ回っていたのを、利左衛門は深川の邸内に充分な家を建築の上、ここに匿って御世話を申し上げたが、小栗の家は令嬢国子が名跡を継がなければ遂に断絶する事になるので、大恩ある家名ならびに血統を絶やすに忍びずとて、一方ならざる心配をした。その結果、当時三井銀行で自分の下に働いていた林静男を国子の配偶者たる候補となし、大いに林を説いたけれども、林は辞退したので何か気に入らぬ事でもあるのか、もし汝が承知をすれば深川の広大なる地所に家を建て、蔵も建ててやるから承知をしろ、もしそれでも承知が出来なかったら、数千円の現金も付けてやるから、とまで言って説いた。しかし林にも母があり、国子にも母があって到底融和の望み無しという所から林の固辞する所となって、この結婚問題はそのままとなったけれども、この事から考えても、いかに利左衛門が小栗の家に対して重きを置いていたかという事が知られるであろう。よって国子は扇橋製薬に出ておられた矢野貞雄氏を夫とされて現在大いに栄えているが、この一事などは余り世間に知られていない一美談である。

今一つ稲垣次郎七の遺族に対して、彼はいかなる態度を取ったかという事を述べてみたいと思う。

利左衛門が大三井を背負って立ち、維新前後の我国財界に思う存分活躍する事の出来たのは、利左衛門が仲買両替屋として三井両替店に出入をしている中に稲垣次郎七が彼の才能を認め、御用金一件を機会として同道上京し、永田甚七と共に京都大元方において八郎右衛門に推薦したる結果、慶応二（一八六六）年三井家の御用所限り通勤支配人格として採用されるに至ったからであって、その際、次郎七の推薦した言葉を見ると「何分於御地ニ各方御不人之折柄殊ニ御手馴無之儀然ルニ右利八殿御公辺向御役人被蒙御懸命候趣承知殊ニ右御用筋事柄万事相弁居被申候ニ付右仁御召抱被成下候ハ、至極御便利ニモ相成俱々ニ万事申合手堅ク御用向相勤被申度段稲垣氏ヨリ段々被相願候ニ付云々」とある通り、最大苦境に立っている三井の復活を計るには、利左衛門を是非とも採用しなくてはならぬというように次郎七が推薦した事によるものであり、利左衛門はその次郎七の知遇に深く感じていたのである。

それ故総ての事に付いては必ず次郎七と相談し、影になり日向になり次郎七を助けていた処、明治二（一八六九）年八月二十九日、次郎七が不慮の災難のために一命を落とすに至ったので、利左衛門は非常に落胆した。その不慮の災難というのは横浜の御用所にある重大問題が突発したために、利左衛門が行くべき所を次郎七が行く事になり、芝の馬車宿から馬車に乗って横浜へと急がしていたのである。

ところが源助町辺を疾走中前方より奥州筋へ出発する多数の鍋島藩の兵隊に出合わせ、運悪くその場所が非常に混雑していたがために、馬車が一人の兵隊に軽傷を負わせたことから、兵隊共は大挙して馬車を襲った。然るに御者は疾く早く逃走して、次郎七がただ独り車上に残された。そして馬が兵隊に驚かされて暴れ出したが、次郎七は鎮める術を知ろう筈がなく、驚いて飛び下りざまに転倒して重傷を受け、これが基となって不幸を招く事になったのである。

その次郎七の遺族には妻やすと一女の二人のみであった。それ故その両人を深川清住町利左衛門の邸内に養って置いたが、その稲垣家の名跡を遺すためには一人娘の婿を捜し出す必要があった。運好くもその候補者として京都大河原町吉岡太助の弟吉兵衛という者が発見されたので、それを明治八（一八七五）年二月、自分の養子となし、改めて九年六月五日、三野村家より稲垣家へ婿養子として差し遣わした。

利左衛門が恩義に厚かったという事は右に述べた小栗家、稲垣家の例をもってすれば充分であるが、その他にもこのような例は枚挙に暇の無い程であって、試みに三野村家の戸籍謄本を見る時には養子養女が多いため非常に複雑していて、その不可思議の戸籍には一驚を喫するであろう。すなわち、この複雑なる戸籍謄本こそ、彼三野村利左衛門の偉大なる所を顕したものなのである。

諧謔の事

ある人は利左衛門のことを評して幇間（ほうかん）のような人間であるといったが、その理由とする所は利左衛門が大官連中と酒食を共にする時には、必ず裸踊り等をするからというのであるが、これは利左衛門の一面のみを見ての批評であって、全般を知らない人のいう事である。

利左衛門という人は、何しろ幼時より苦労に苦労を重ねて来た人であるから、世間の表裏に精通している事はまた驚くべき程であって、そのために若い時分から大いにひょうきん性を発揮したものである。今その例を次に挙げて見よう。

利左衛門が深川の屋敷で晩酌をしている中に好い気持になり、外出中の使用人の帰途を驚かしてやろうという気になり、大刀を腰に挿み面を被って塀際の木の上によじ上って機会を待っていた。そこへ何事も知らぬ使用人が大急ぎで通り合せた処、急に飛び下りたので、使用人は驚いて色を失い、逃げ帰って急を家人に告げた。家人もまた驚いて直ちに警察へこの由を注進したために、数名の警官が駈け付けて来たのである。

然るにこれもまた、彼の悪戯が過ぎたために事件が大きくなり過ぎてしまったので、まさか自分が冗談半分にやった事であるとは言い出せなくなって、笑うに笑えず致し方なく一緒に騒いでいたという事である。

右のような話のみを載せて置くと、いかにも利左衛門が四六時中そのようなことをして暮していたように思われるけれども、決して然らず、平常は非常に厳格であって、三井の使用人共は彼を恐れていたのである。すなわち本店が三越とならぬ時分には、時々本店へ出張して大黒柱を背中に店中を睨み回していたが、その当時小僧として働いていた山岡才次郎氏が常に著者に話をしていた事であるが、「子供心に今でも忘れないのは、大黒柱を背中にして座っていた三野村さんの引っ込んだ眼玉であった」という言葉である。

◇三野村利左衛門＝関連年表［年齢は数え年表記］

文政四年（一八二一）	一歳	十一月十日、出羽庄内藩士関口松三郎の次男。兄の名は不明。松三郎の父は関口家八代正右衛門爲久。初代は正右衛門爲宣といい、石高三百石。
文政十年（一八二七）	七歳	これより先、父の出奔により京阪に居住。
天保十年（一八三九）	十九歳	この年江戸に出て深川の干鰯問屋丸屋こと西村七右衛門方に奉公す。
弘化二年（一八四五）	二十五歳	神田三河町砂糖商紀伊國屋利八方に婿養子となり、利八の娘な加と婚姻し、利八の名称を継ぐ。刻苦勉励家業を営み、妻女の作りし金米糖を行商す。
嘉永五年（一八五二）	三十二歳	小石川伝通院前表町家持、伊勢屋嘉右衛門から天秤を譲り受け、紀ノ國屋利八として両替屋を始める。
安政四年（一八五七）	三十七歳	本両替屋三井の御用を承ると同時に、外人と個人的に取引して、洋銀と一分銀の兌換によって財産を作る。
安政六年（一八五九）	三十九歳	この年横浜開港し、三井横浜に開店す。幕府勘定所の御用並びに外国為替を取扱う。

元治元年（一八六四）	四十四歳	時の勘定奉行小栗上野介忠順、第一回長州征討軍費及び下関償金第一期支払のため江戸市中の富豪に五十万両の御用金上納を命ず。三井はその半分を引き受ける。利左衛門は旧主西村七右衛門と血縁関係にある金座後藤の紹介により小栗並びに勘定所役人と懇親を結ぶ。故にこの縁故により小栗と懇談、三井に対する御用金を免除せしむ。
慶応元年（一八六五）	四十五歳	四月、上総一の宮加納家より理由不明の御召あり。御用金の命ならば利左衛門をして衝に当たらしむるため、万一をおもんばかり利左衛門を三井高朗に随行せしむ。御用金の命に非ずして加納家が和宮降嫁の際奉行として奉仕し、その折に三井が御一所を勤め無事その任を果たすことを得たるがための感謝なり。 五月、御用金一万両調達の命あり（将軍上洛費）。利左衛門、小栗と折衝し一万両分納と決定。
慶応二年（一八六六）	四十六歳	第二回長州征討費下関償金支払のため百五十万両の御用金の命あり。利左衛門また小栗に嘆願し、上納は五十万両となり即刻九万両を納め、十二月に再び九万両を入れたが、残額は三井としても到底持つ事が出来ず利左衛門また出で、この間を取扱い慶応三年三月に至り残額を免除さる。 九月二十四日、三井勘定所御用金貸付方を命ぜらる。利左衛門この任務の説明役として、齋藤純造、稲垣次郎七（共に三井の重役）と伴に上京。二人の推

		薦により十月二十七日をもって三井家に起用、新設三井御用所の通勤支配格となり、八郎右衛門の名代を勤め外国方御用並びに函館方横浜表金銀運送為替御用を取扱う。
慶応三年（一八六七）	四十七歳	六月、横浜限りの銀札発行に当って利左衛門は江戸横浜両御用所において銀札を正金に引換えることを引き受く。この銀札発行によりて引換の正金を利用し、三井家を窮境より救う。 七月、兵庫開港し、兵庫商社設立。八郎右衛門頭取となる。利左衛門はこの御用の免除のために尽力せしが、時勢変転王政復古となり、実現を見ず。
慶応四年（一八六八）	四十八歳	三月、御預り金の上納を命ぜらる。三井は幕府の預り金を繰り廻しているため、これが露顕を恐る。利左衛門の歎願により三万両即納、残金は年賦上納となる。 四月、江戸市中取締庄内藩士酒井左衛門尉忠徳より市中融通のため二千両余の御用金調達の命あり。しかる所、酒井家の江戸詰重役榊原隼人は利左衛門の従姉妹の夫であり、同じく重役安藤定右衛門は利左衛門の叔母の孫である関係により、金一千両を用立つ。 八月、朝廷方に献金五万両。 同月、彰義隊より剛談、二千両を調達。
明治元年（一八六八）	四十八歳	※九月八日（新暦十月二十三日）、明治に改元。 九月、利左衛門太政官札を関東地方に流通させるため建言して商法司を建て

		知事に任ぜられ、官札の流通に努む。これがため東北征討の大業を完うすることを得たり。
明治二年（一八六九）	四十九歳	二月、貨幣の融通と商業振興のため通商司設置。通商会社に為替会社を隷属せしむ。利左衛門両会社総差配司となり、国運振興に努力す。 三月、商法司廃止。 五月、小金ヶ原開墾事業始まる。八郎右衛門開墾会社総頭取となり、利左衛門名代となる。不幸事業は不成功に終る。 十二月、八郎右衛門名代として北海道物産総頭取に任命。
明治三年（一八七〇）	五十歳	三月、開拓使御用達となり諸国開港場へ産物取締会所設立下調のため出張を命ぜらる。 五月、北海道産物会所規約成る。
明治四年（一八七一）	五十一歳	七月、三井組バンク創立願書を名代利左衛門の名によって大蔵省に提出す。これ我国最初の銀行創立願書なり。 十月（並びに五年一月）、大蔵省正金兌換証券及び開拓使証券として十円、五円、一円、五十銭、二十銭、十銭の六種を発行す。 十一月二十八日、大蔵省御用為換座並びに御用所三井組ハウス新築上棟式を挙ぐ。
明治五年（一八七二）	五十二歳	一月、為換座並びに御用所の一室に東京大元方役場を開設す。 五月、銀行創立一件に付き三井組名代として八郎右衛門と共に井上大蔵大輔

の私邸に招かれ親しく評議し、呉服業を三越家に譲渡し三井家は銀行業に専心意を注がんと決心す。次いで小野組と共に井上邸に会す。

六月、邏卒慰問として東京府に金千円を献ず。

八月、三野村私邸において三井小野組合銀行創立につき評議す。

八月十日、営繕会議所設立、利左衛門頭取となり、橋梁溝渠の修繕新設につとむ。

九月一日、海運橋為換座内に組合銀行開業式を挙ぐ。

九月十二日、新橋横浜間鉄道開業式。主上臨幸東京商人を代表して、八郎右衛門祝辞を述ぶに当り利左衛門これに代わりて朗読す。

九月二十二日、これより先八月五日、国立銀行条令の発布により組合銀行の名称を廃し第一国立銀行と命名す。利左衛門、八郎右衛門に代って助勤となる。

九月二十七日、営繕会議所を東京会議所と改称、外国の下院の制にならわんとす。養育院を設立す。

明治六年（一八七三）	五十三歳	三月、三野村利左衛門、井上大蔵大輔、渋沢大蔵少輔、芳川紙幣頭に同伴し、阪神巡遊。大元方改正筋銀行創立内規、同苗各地出張向等につき密儀を凝す。 四月、大蔵大輔私邸において三井家家政向の改革につき評議す。 四月二十三日、利左衛門三井家家政向細大洩らさず委任さる。 五月、同族役割各家移転大元方順席規則を定む。

明治七年（一八七四）	五十四歳	二月、三井バンク落成す。 十月二十二日、大蔵省より官金に対し相当抵当の提出を迫らる。 十月二十四日、相当抵当提出期限を十二月二十五日限とす。 十一月二十三日、小野組破産、島田組休業す。利左衛門、諸員を激励し、また自身寝食を忘れて奮闘し、よく三井家を支持す。 十二月、同族より感謝状を受く。
明治八年（一八七五）	五十五歳	九月、利左衛門、八郎右衛門と共に第一国立銀行取締役検査掛となる。 この月「金融の儀につき建言書」を奉る。 これより先、七月、三井組総取締三野村利左衛門の名により東京府知事大久保一翁に宛て三井銀行創立願書を提出す。社名伺書を出す。 十二月十一日、三井銀行副長となり、総長代理をなす。 三井バンク諸役員事務扱方心得規則を発表し絵図法によってこれを指示す。
明治九年（一八七六）	五十六歳	二月、大蔵省の許可に先立ち、利左衛門三井銀行の名によってこの業を起さんとし、願書呈出。 二月、第一国立銀行官金還納の布達を受け、利左衛門、銀行業の破綻より起る国運の衰退を憂へ、嘆願書を大隈大蔵卿の許に差し出す、大蔵卿これを容れる。 四月五日、東京府庁より三井銀行創立認可。

		七月一日、三井銀行開業式。八郎右衛門は総長に、利左衛門は総長代理と決定。 同月同日、元三井組内にありたる育児方を三井銀行内に移す。 八月十九日、大元方規則改正。利左衛門、大元方総轄となる。 十月六日、三井家同族連署して利左衛門に、高砂町七番地八郎右衛門名義地所並びにその家屋を援與し、三井銀行創設前後の功労を表彰す。
明治十年（一八七七）	五十七歳	二月二十一日、利左衛門病没す。 二月二十八日、利助は父の後を襲うて三井銀行総代理となる。 四月、大元方の決議により、その霊を東京深川別邸内顕名霊社に合祀。
明治十一年（一八七八）		これより先、三野村利左衛門追賞の儀、十年三月に東京府知事楠本正隆より建議せしが、都合により延引し、この年二月大隈重信より建議あり。 大正四（一九一五）年十一月、従五位に叙せらる。

✣——編者あとがき

永峯光寿氏の原稿を出版することが、私の義務であるような思いは、いつも胸の内にあったが、勤務先の大学を退職してからは、それは、早く何とかしなければならないという焦りのような気持ちにもなってきていた。しかしどうしたらいいのか、皆目見当も付かず、時が過ぎるばかりであった。

そんな時期に、父の遺品の中から、父が専門業者に依頼して作成したと思われる、章別に和綴じになった永峯氏の原稿のコピー（副本）が出てきた。これだ、これがあれば、原稿を人様にも見ていただけると思った私は、かねて原稿なしの状態から、出版について相談にのっていただいたことのある石山久男先生（歴史教育者協議会元委員長）に電話した。

石山先生は大学の先輩であると同時に、私が川崎市立高校に勤めたときの、勤務校違いの先輩の先生でもあった。先生は快く、時間と場所を決めてくださって、「その時に話を聞きましょう」とのお返事をくださった。二〇二〇年二月上旬の事、私は感謝の気持ちでいっぱいであった。

そして次に約束の日にお目に掛かると原稿を預かってくださり、「出版社を当たって見ましょう」ということになった。

こうした石山先生のご尽力のお陰で、永峯氏の原稿は「高文研」で引き受けていただけることとなり、打ち合わせには石山先生も参加してくださって、高文研の山本邦彦さんからは簡潔で適切な説明があり、出版に向けての段取りが組まれた。かくして三月中旬、永峯氏の原稿は出版への軌道にすえられた。

それからは私は、突然忙しくなった。そして同時に、関係の皆さんには大変ご迷惑をおかけしてしまった。というのは、現在では入稿はデータによる送稿が基本であるのに、永峯氏の原稿はまだデータ化されていない上、紙も劣化していて、読み取り作業には耐えられないのである。そこで私が原稿をいったんPDF化し、それをプリントアウトして紙原稿にし、その原稿の旧字を常用漢字に修正した手書き状態の原稿を入稿し、それを手作業で入力して文字データ化した。ここではじめて所定のプロセスにのせることが出来たという具合であった。

読み取りにくい原稿に、手書きの修正が施されるなど、悪条件の重なる原稿の入力作業の手配をはじめ、最初から最後までお世話をいただいた山本邦彦さんには、心よりお礼を申し上げたい。
ちょうどこの時期は、新型コロナウイルスの感染拡大でＷＨＯがパンデミックを宣言したり、日本でも非常事態宣言が出されるなどで、人々は不安の中にあったが、これもさることながら、私には出版に向けて、私が遣らねばならないことを遣り切れるかどうか、その方がいささか不安で、心細かった。

そんな折り、自著の出版も多く手がけてきた畏友・斉藤道彦氏（中央大学名誉教授）が、「手伝えることがあれば、何でもやりますよ」と声を掛けてきてくれた。この一声で私は、百万の援軍を得た思いで気を取り直す事が出来た。斉藤氏には多くの貴重な助言をもらい、また漢詩には口語訳も付けていただいた。まことに感謝にたえない。

ここに上梓された本書によって、幕末から明治にかけて、激動の時代をかけぬけた三野村利左衛門の生きた人間としての姿を、少しでもご理解いただけたら、編者としてはこれにまさる喜びはない。

二〇二〇年十一月

三野村　暢禧

永峯　光寿（ながみね・みつとし）
1893（明治 26）年～ 1942（昭和 17）年。
1918（大正 7 ）年、國學院大學国史科卒業後、東京都墨田区向島の三囲（みめぐり）神社宮司となる。江戸の歴史、文化に造詣が深く、江戸・東京ならびに近郷の古文書を調査し、専門雑誌に論文を発表するなどの歴史研究者でもあった。『本所区史』（1931 年）出版に際しては、編纂上の顧問として参画した。
本書は三野村利左衛門の孫・三野村安太郎が、利左衛門の出身や家系の調査・研究を依頼したものの成果である。

三野村　暢禧（みのむら・のぶよし）
1943（昭和 18）年、東京に生まれる。拓殖大学名誉教授。
東京都立大学大学院社会科学研究科経済政策専攻博士課程単位修得満期退学。
川崎市立高校の全日制及び定時制で社会科政治経済担当の高校教諭を 11 年勤め、拓殖大学政経学部で大学教員を 34 年、経済原論、社会経済学、環境経済学、ゼミナールなどを担当、2011 年、定年退職した。

「三井」の基礎を築いた
三野村利左衛門の生涯

●二〇二〇年一二月一五日──第一刷発行

著　者／永峯　光寿
編　者／三野村　暢禧
発行所／株式会社　高文研
東京都千代田区神田猿楽町二―一―八
三恵ビル（〒一〇一＝〇〇六四）
電話　03＝3295＝3415
振替　00160＝6＝18956
https://www.koubunken.co.jp

印刷・製本／三省堂印刷株式会社

★万一、乱丁・落丁があったときは、送料当方負担でお取り替えいたします。

ISBN978-4-87498-746-9　C0023